1conomy

1코노미의 시대

나홀로족을 사로잡는 상품기획의 모든 것
1코노미의 시대

초판 1쇄 인쇄 2021년 5월 24일
초판 1쇄 발행 2021년 6월 1일

지은이 권단정

발행인 백유미 조영석
발행처 (주)라온아시아
주소 서울특별시 서초구 효령로34길 4, 프린스효령빌딩 5F

등록 2016년 7월 5일 제 2016-000141호
전화 070-7600-8230 **팩스** 070-4754-2473

값 16,000원
ISBN 979-11-91283-48-8 (03320)

1conomy

나홀로족을 사로잡는 상품기획의 모든 것

1코노미의 시대

권단정 지음

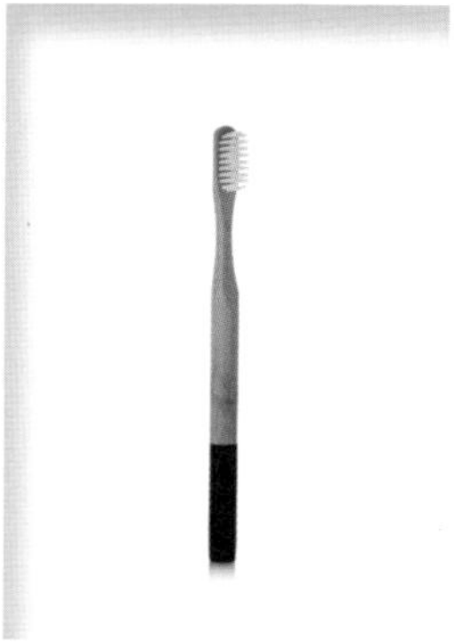

"나 혼자 산다, 우리는 1인 가구"

900만을 돌파한 1인 가구의 소비생활을 분석해
스마트한 고객의 눈을 사로잡는 상품기획 지침서

RAON
BOOK

프롤로그

1인 가구를 사로잡는 상품을 기획하라

직장인 한혜진 씨는 36년 만에 부모님으로부터 경제적인 독립을 선언하고 싱글 라이프를 즐길 수 있게 되었다. 생애 첫 독립인 데다 하루하루 바쁘게 사는 직장인이기 때문에 돈을 좀 더 내고서라도 내 취향에 맞는 전용 주방과 화장실, 가구/가전이 마련된 풀퍼니시드룸으로 즉시 입주했다. 혜진 씨가 들어간 집은 홀로 또 같이 공간을 이용할 수 있는 코리빙하우스로, 혼자만의 공간에서 생활해도 쓸쓸하고 외로운 느낌이 들지 않았다. 아무리 바빠도 건강은 꼭 챙기는 혜진 씨는 1인용 아침 식사 배달 서비스를 이용하거나 하우스 1층 식당에서 건강식을 먹는다. 룸 클리닝은 하우스에 맡기고 어제 저녁 빨랫감은 빌트인 세탁기에 넣어 자동 건조 버튼을 누른 후 여유롭게 출근한다. 저녁 퇴근 후, 혜진 씨는 하우스에서 진행하는 필라테스 클래스에 참여했다. 뭉친 근육이 만성 통증이 되지 않도록 관리하기 위해 지난주에는 홈 피트니스 용품과 셀프 마사지기를 샀다.

위의 시나리오는 최근 출시되고 있는 다양한 1인 가구 상품들을 토대로 재구성한 어느 싱글의 일상이다. 현재 우리나라는 소비성향이 강하고 자신에 대한 투자를 아끼지 않으며 경제적으로 여유 있는 젊은 싱글들이 증가하고 있다. 행정안전부의 자료에 따르면 2020년 1인 세대가 900만 세대를 넘어 전체 세대수의 약 40%를 차지했다. 여기에 세대주로 완전히 독립하진 않았지만 혼자 살아가는 사람들까지 포함하면 1인 가구 시장은 무시할 수 없는 규모로 성장하고 있다.

싱글만의 독특한 라이프스타일과 소비 성향 때문에 이들은 향후 잠재 소비 세력으로 주목받고 있다. 그 이유는 싱글 소비자들 대부분이 직장인이라 경제적인 면에서 상대적으로 여유롭기 때문이다. 또한 싱글 소비자들은 대체로 새로운 것에 관심이 높고, 이에 대한 수용이 빠른 편이라 새로운 상품을 사서 시도해보는 데 인색하지 않다. 주변인의 관심사와 유행하는 브랜드 등 트렌드에 민감하기도 하다.

많은 기업은 싱글 시장을 겨냥한 마케팅 활동에 주력하고 있다. 이들 기업은 이들의 특별한 생활방식에 따른 의식주 관련 상품뿐만 아니라 외로움을 달래기 위한 사교적 욕구를 노린 상품과 서비스를 가지고 경쟁에 나선 상태다.

더불어 코로나19 사태로 사람과 사람이 마주 보며 하던 일들처럼 예전의 일상이 이제는 더 이상 매일 있는 보통 일이 아니다. 이에 집에서 할 수 있는 요리나 살림, 취미활동, 홈트레이닝 등 '집콕생활'을 견뎌내는 비대면 문화가 탄생했다. 코로나19 감염을 우려한 사람들이 외출을 피하고 대부분 실내에서 각종 경제 활동을 즐기는 '홈코노미(Home+Economy)'시장이 급부상하고 언택트 라이프(Untact Life)를 경험하면서 우리의 행복의 기준이 바뀌고 있다. '언택트 사회' 속 개인맞춤형 시스템은 이미 우리 사회에 자리를 잡았고, 지속가능한 미래를 위한 환경을 생각하는 기술 또한 주목받고 있다.

이처럼 1인 가구의 증가와 코로나19 사태가 맞물리면서 소비자가 열광하는 가치들이 급변하고 있다. 이에 부합하는 상품들이 속

속 개발되면서 '신상품의 뉴노멀(New Normal, 새로운 표준)'을 만들어 가고 있다. 이 흐름을 정확하게 파악하고 분석한다면, 내가 기획하고 개발한 신상품 또한 앞으로 다가올 시대에 소비자의 마음을 사로잡는 상품이 될 수 있다.

이 책은 신상품 개발 및 서비스기획에 필요한 기초이론을 담고 있다. 창업시장의 주 타깃인 1인 가구와 새로운 소비계층인 MZ세대(밀레니얼+Z세대)를 겨냥해 시장의 현 흐름을 소비자 관점에서 이해하도록 했다. 또한 기업과 소비자의 입장 모두를 고려하는 균형 잡힌 시각과 소비자 트렌드를 바탕으로 하는 소비자 지향적 관점에서의 신상품 및 서비스기획 능력을 키우기 위해 이론과 실무를 접목해 쉽게 학습할 수 있도록 했다.

1장은 요즘의 소비 행태를 알아보며 트렌드를 이해하고, 다양한 소비 활동을 살펴보면서 아직 소비자들에게 해소되지 않은 욕구 등이 무엇인지 찾을 수 있도록 했다. 2장은 소비자 관점에서 신상품과 서비스를 개발하는 데 현실적이고 구체적인 접근 방법을 실제 판매되는 상품 사례를 통해 설명했다. 3장은 기본적인 신상품 개발 프로세스를 이해하고 아이디어를 생각해내고 구체화하는 과정을 직접 그려볼 수 있도록 돕는다. 4장은 온라인 판매 단계에서 필요하거나 주의할 사항을 짚어주어 신상품 개발 시 참고할 수 있도록 구성했다.

1인 가구 커머스 플랫폼 '독립생활연구소'를 시작하고 1인 기준의 상품과 1인 가구에게 유용한 상품을 추천하기 위해 상품을 기획하면서, 1년 6개월이 넘는 셰어하우스, 코리빙하우스 생활과 창업시장의 일선에서 보고 듣고 체험한 경험들을 이 책에 담았다. 이를 통해 소비재 기업의 MD 및 개발자·디자이너·마케터와 제조·유통업체, 스타트업 등 소비자 트렌드 연구를 바탕으로 아이디어를 도출해 상품화하는 과정을 진행하는 분들과 온라인에서 상품을 소싱하고 판매하는 모든 사람에게 이 책이 사업을 운영하고 관리하는 측면에서 실무적인 지침서가 될 수 있을 것이라 기대한다.

여기서 소개하는 상품들은 광고료를 받거나 협찬을 받지 않았다. 1인 가구 상품 기획자의 관점에서 기획 아이디어가 뛰어난 상품 사례로 소개한 것이다. 이 상품들을 통해 1인 가구의 건강과 편리한 생활 서비스에 대해 한 번 더 생각하고 새로운 시각을 가져갈 수 있는 계기를 갖길 바란다. 그래서 1인 가구 혼자 의식주를 해결하는 것에서 오는 문제점과 불편함을 줄여주는, 환경을 고려한 창의적인 1인 가구 맞춤 상품들이 계속해서 개발되길 진심으로 응원한다.

권단정

차 례

프롤로그 1인 가구를 사로잡는 상품을 기획하라 • 4

1장

왜 지금, 1인 라이프 상품기획이 필요할까

1인 가구의 증가와 미니멀리즘의 만남 • 17
개인 맞춤형 상품과 세분화된 서비스의 재발견 • 23
건강은 또 하나의 자기 관리 트렌드 • 30
비싸거나 싸거나, 1인 소비의 양극화 • 35
모든 것은 집 안에서, '셀프 소비'의 매력 • 41
불황기에 떠오르는 작고 소중한 사치품 • 48

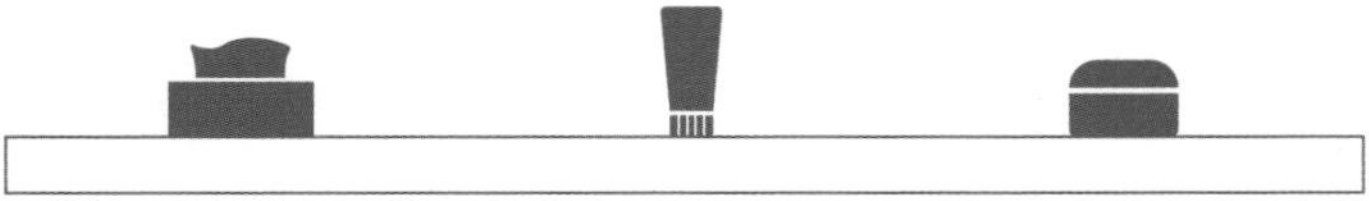

2장

1인 라이프, 이런 상품들이 잘 팔린다

1인 가구의 기본적인 청소와 식사 • 57

새로운 경험이자 새로운 취미생활 • 70

내몸애착 퍼스널 헬스케어 상품 • 85

친환경 제로 웨이스트 상품 • 99

반려동물 먹거리부터 보험까지 • 114

응급 · 비상 · 안전 · 사고 예방용품 • 128

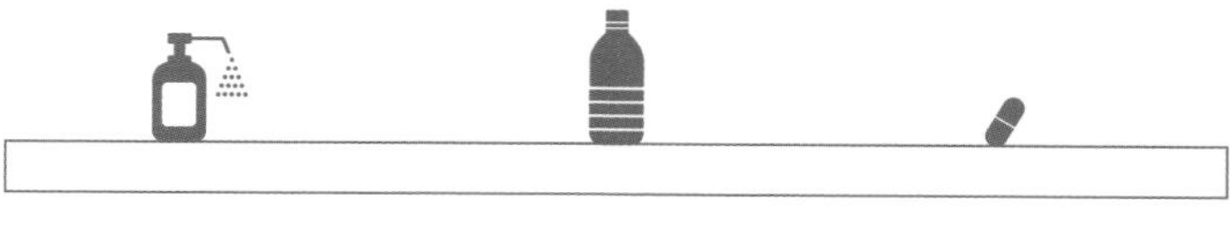

3장

1인 라이프, 상품 발굴은 이렇게 하라

신상품의 개념과 범위 • 141

상품 및 서비스 기획을 위한 시장환경 분석 • 146

새로운 고객 개척을 위한 트렌드 분석 • 154

상품화할 수 있는 새로운 가치 탐색 • 163

아이디어 취합과 콘셉트 개발 • 175

시장 진입 방법 및 포지셔닝 • 182

확신을 주는 신상품 기획서 만들기 • 188

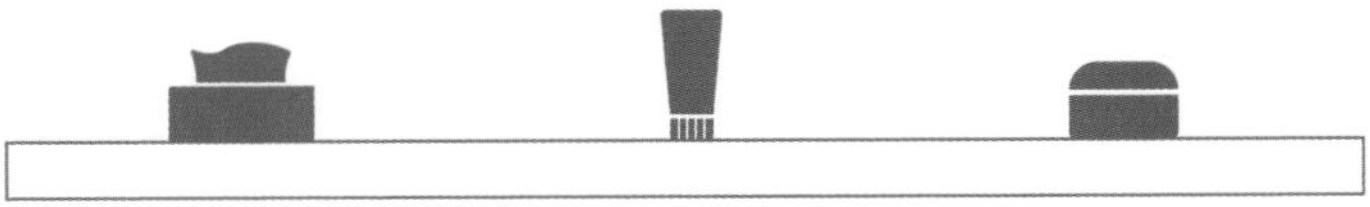

4장

온라인 판매, 이것만은 알아두자

온라인몰 상품 필수 정보 • 201
유의해야 할 표시광고사항 • 212
꼭 알아야 할 전자상거래법 • 226
구매욕을 끌어내는 상품 리스팅 • 235
잘 팔리는 가격책정 방법 • 249

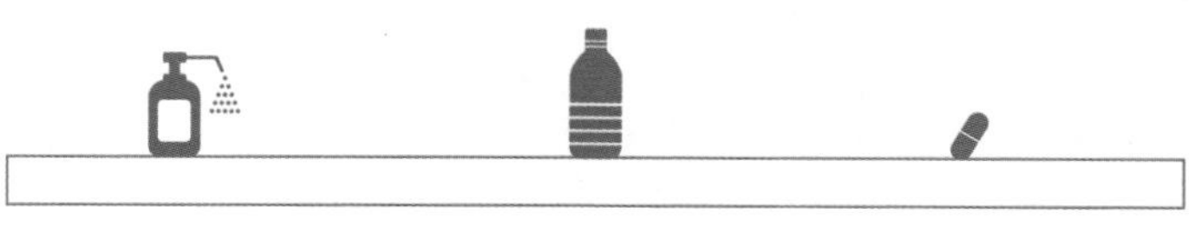

1장

왜 지금,
1인 라이프
상품기획이 필요할까

1인 가구의 증가와 미니멀리즘의 만남

미니멀리즘은 1960년대 시각 예술 분야에서 시작해 건축과 패션 철학 등 여러 영역으로 확대된 개념이다. '최소한'이라는 의미의 미니멀(Minimal)과 '주의'라는 뜻의 이즘(Ism)을 결합한 단어로, '되도록 소수의 단순한 요소로 최대 효과를 이루려는 사고방식'이라고 정의한다.

1인 가구가 늘고 '작은집 인테리어'가 주목을 받으면서 공간을 효과적으로 활용하는 기술의 하나로 미니멀리즘이 떠올랐다. 일부 전문가들은 "2006년에 16조 원에 불과하던 1인 가구의 소비지출 규모가 2010년에 60조 원으로 증가했다"라며 "2030년에는 194조 원에 달할 것이다"라고 전망했다. 이에 따라 사람들의 소비패턴에도 변화가 생긴 가운데 이들의 라이프스타일에 맞춘 상품들이 속속 출시되고 있다.

가전에서 식품까지
모두 '미니멀리즘'

1인 가구가 빠르게 증가하면서 이마트는 2018년 7월 '일렉트로맨 혼족 가전 시리즈'를 론칭했다. 처음 7종으로 시작한 일렉트로맨 혼족 가전 시리즈는 2019년에 혼자서도 밥을 해 먹기 편리한 1인용 밥솥과 미니전기화로를 추가로 선보였다. '혼족 가전'이 계속해서 인기를 얻자, 이마트는 기능성과 디자인을 강화해서 2021년 초 '혼족 가전 프리미엄 라인'을 론칭해 10여 개의 상품을 판매하고 있다.

이마트의 대표상품인 '일렉트로맨 혼족 라면포트'는 가스불을 켜지 않고 전기로 간편하게 라면을 끓여 먹을 수 있는 상품이다. 라면포트에 물과 라면을 한꺼번에 넣고 끓인 후 그대로 취식이 가능한 것이 특징이다. 조리 과정도 단순하면서 설거지까지 줄여주는 아이디어 상품이다. 이 같은 간편함에 소비자들이 움직였다.

미니 주류와 수박을 잘라 파는 조각 수박도 인기다. 이는 1인 가구 증가와 더불어 20~30대를 중심으로 집에서 가볍게 술을 마시거나 과일을 간단한 식사 대용으로 먹는 개념으로 트렌드가 바뀌었기 때문이다. 그래서 한 통이나 묶음, 박스 등에서 작은 크기 또는 적당한 크기로 구매 패턴이 바뀌고 있다.

이마트가 수입한 일렉트로맨
혼족 가전 시리즈
출처: 지마켓

버리기와 정리에서 '제로 웨이스트'

청소, 빨래, 식사 준비 등 매일매일 해야 하는 것 외에도 집안 정리정돈, 옷장 정리, 이불 관리, 각종 물건 관리 등 집안일의 범위는 그야말로 무한대다. 그렇기 때문에 정리할 것 자체가 별로 없어 깔끔하고 넓은 공간을 누릴 수 있는 미니멀 라이프가 뜨고 있다. 미니멀 라이프는 필(必)환경 시대를 맞이해 지속가능한 환경을 위한 제로 웨이스트(Zero Waste)로 이어지고 있다. 최근에는 미니멀 라이프와 제로 웨이스트의 삶을 들여다볼 수 있는 예능 프로그램들이 등장했다.

집구석 카운슬링 예능 프로그램 tvN 〈신박한 정리〉는 나만의 공간인 '집'의 물건을 정리하고 공간에 행복을 더하는 노하우를 함께 나누는 프로그램이다. 전혀 다른 스타일로 살아왔던 미니멀리스트 신애라와 맥시멀리스트 박나래의 '정리 케미'가 색다른 재미를 선사한다.

〈신박한 정리〉에서는 배우 신애라가 집을 최초로 공개하며 화장대 대신 화장실 수납장을 이용하며, 액세서리 수납을 위해 다 쓴 과자 통을 활용하는 알뜰한 모습을 공유하는 등 미니멀리스트의 삶을 전파한다. 또한 제로 웨이스트를 실천하는 신애라는 먹을 만큼 재료만 간단하게 보관한 냉장고와 텅 빈 수납장을 공개해 놀라움을 더했다.

이처럼 불필요한 물건이나 집안일 등을 줄이고, 일상생활에 반드시 필요한 물건으로 살아가는 단순한 생활방식인 미니멀리즘이 확산되고 있다. 이는 환경문제로 옮겨져 쓰지 않는 물건을 필요한 사람들이 쓸 수 있도록 순환시키려는 노력이 일상에 더해지며 제로 웨이스트로 이어지고 있다.

식재료·조리법·그릇 모두 적게 만든 '심플 음식'

누구나 재료를 구입하고 음식을 만들며 그릇을 치우고 남은 재료를 보관하는 과정을 끊임없이 반복하며 살아간다. 누군가에겐 즐겁기도 하겠지만 바쁜 현대인에게는 이것이 쉽지 않다. 그래서인지 인스턴트나 배달 음식만 냉장고에 가득한 것일수도 있다.

이런 상태에서 미니멀 라이프 트렌드가 확대되면서 음식도 '심플하게 먹는 식습관'이 주목받고 있다. 제철음식으로 구성된 간결한 식단, 가공식품 줄이기, 조리법 단순화하기, 식탐 줄이기 등 식생활에도 미니멀리즘은 바람직한 답이 된다.

충분한 영양성분을 섭취하면서 내 몸에 필요한 양만 먹는 '심플 음식(Simple Food)'은 소박한 밥상을 차리는 데부터 출발한다. 작은 그릇, 접시를 활용하면 음식물 양이 줄어들게 되어 자연스럽게 소식(小食)이 된다. 원 보울 푸드(One Bowl Food), 혹은 원 디쉬 푸드(One Dish Food) 역시 간단하게 한 끼 섭취량을 조절하는 데 효과적이다. 건강한 한 끼를 위해서는 그릇의 절반 정도를 채소와 과일로 담고 나머지를 달걀이나 통곡물, 콩 등으로 채우면 좋다.

조리법도 덜 짜고, 덜 달고, 덜 기름지게 요리하도록 심플해지고 있다. 조미료를 최소한으로 쓰면서 소금과 올리브유만으로 모든 음식을 정갈하면서도 맛깔나고 건강하게 조리할 수 있다. 그릇과 조리도구도 최소한으로만 갖춰 사용할 것을 권한다. 큰 노력 없이도 주방을 깔끔하게 유지하고 낭비 없는 건강한 소비습관을 갖는 비결이 된다.

개인 맞춤형 상품과 세분화된 서비스의 재발견

잘 만든 효자 아이템 하나로 전체 시장점유율을 노리는 전략이 통하던 시절은 옛말이다. 불황이 오랫동안 지속되면서 소비자들이 전체 소비를 줄이고, 자신에게 꼭 필요한 기능과 특징을 가진 특별한 상품을 찾기 시작했다.

2013년 말부터 '아이를 위한 선풍기', '군인의 피부를 위한 화장품', '명품 펫 캐리어백' 등의 상품이 나오기 시작했다. 이처럼 소비자 개개인의 욕구와 라이프스타일, 취향을 반영한 상품들이 틈새시장을 노리며 인기를 끌었다. 지금은 나만의 스타일과 감정 및 가치를 추구하는 이들이 소비 시장의 대세를 이루고 있다. 세분화된 소비자들의 욕구를 반영한 상품과 서비스 제공이 이제는 기업의 성장을 위한 기본이 된 수준이다.

최근 경기 침체로 소비 규모를 줄이는 대신 꼭 필요한 기능과 특징을 가진 제품·서비스를 받고자 하는 소비자가 늘고 있다. 이에 기업들은 '니치(틈새)'를 더 세분화해 개인 맞춤 상품과 서비스를 제공하는 '초니치(Ultra-Niches) 마케팅'을 펼치고 있다. 소비자를 나이, 성별로 나누고 다시 취향과 트렌드 별로 나눠 개인 맞춤 상품과 서비스를 더 디테일하게 세분화한다. 이커머스 업계도 개인별 맞춤형 콘텐츠와 서비스를 강화하고 있고 미디어 시장과 콘텐츠 산업에서도 이와 같은 모습이 발견되고 있다.

서브스크립션 커머스

> 혼자 자취하는 영업사원 K씨는 매주 살균 세탁 후 다림질된 셔츠 5일분을 받아 입고, 임산부 A씨는 임신주기에 맞추어 필요한 용품을 받으며, 싱글인 직장인 B씨는 한달에 한 번 계절에 맞는 꽃을 구독하고 있습니다.
>
> – 모비인사이드, 〈개인 맞춤형 서비스로 진화! '서브스크립션 커머스'〉

서브스크립션 커머스(Subscription Commerce)는 '정기구독'과 '상거래'를 합친 말로, 소비자가 일정 금액을 지불하면 사업자가 특정 상품을 선별해 제공해주는 서비스다. 화장품, 생활용품 등 주기적으로 사용하는 상품을 넘어 꽃, 의류, 식품과 취미 아이템 등으로 서브스크립션 커머스 시장 영역이 확장되고 있다. 서브스크립션 커머스가 AI를 통해 개인 맞춤 서비스와 결합되어, 소비자들의 다양한 요구에 맞춰 더욱 세분화된 큐레이션을 제공하고 있다.

란제리 회사 '아도르 미(Adore Me)'는 인공지능이 취향을 분석해 고객에게 가장 맞는 속옷을 배송해준다. 영양제를 정기배송하는 스타트업 '케어오브(Care/of)'는 고객이 설문지에 작성한 내용을 따라 전문의가 최적의 영양제 조합을 만들어 매달 배송한다.

누구나 매일 양말을 신지만 한 짝이 사라지거나 구멍이 나는 경우가 많다. 그러나 새 것으로 구매하는 것을 깜박하거나 귀찮음을 느끼기도 한다. '미하이삭스'는 이런 점에 착안해 매월 같은 날, 새롭고 재미있는 디자인의 양말을 정기배송한다. 정기구독을 신청한 이들에게 양말에 원하는 메시지나 이니셜을 넣어주는 서비스를 무료로 제공해 인기를 끌기도 했다.

이제는 단 한 사람의 단 한 번의 요구에 정확하게 들어맞는 상품과 서비스를 제공해야 한다. 이를 위해서는 타깃 소비자의 특성을 관찰하고 세분화해 초니치 시장을 찾아내야 한다. 개별 고객의 니즈를 파악해 그중 가장 중요한 핵심에 초점을 맞추거나, 세분화된 요구에 맞으면서도 회사가 가지고 있는 핵심 역량에 맞춘 상품과 서비스를 제공해야 한다.

양말 정기배송 '미하이삭스'
출처: 미하이삭스(mehisox) 홈페이지

개인 맞춤형 상품 서비스

2020년 7월, 풀무원건강생활은 '개인 맞춤형 건강기능식품 소분·판매' 서비스를 국내 최초로 시작한다고 밝혔다. 그렇게 생겨난 것이 바로 '퍼팩(PERPACK)'이다. 퍼팩은 '퍼스널 원팩(Personal One Pack)'의 약자로 개인에게 최적화된 건강기능식품을 하루 1팩으로 제공한다는 의미를 담고 있다.

'개인 맞춤형 건강기능식품 추천·판매'란 개인의 건강 상태, 생활 습관, 소비자가 의뢰한 유전자 검사 결과 등을 검토해, 보충이 필요한 영양소를 고려해서 건강기능식품을 추천하고 소분(小分) 판매하는 서비스다. 퍼팩은 간단한 설문조사를 통해 맞춤 영양제를 추천한다.

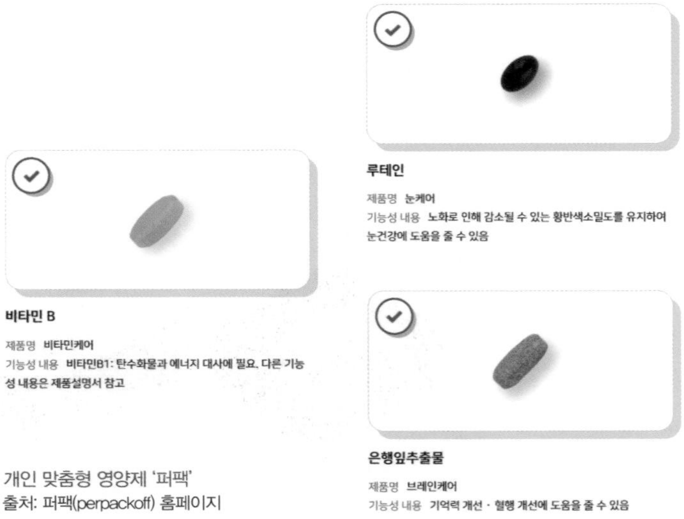

개인 맞춤형 영양제 '퍼팩'
출처: 퍼팩(perpackoff) 홈페이지

개인 맞춤형 생활 서비스

최근 대형 업체를 고용하거나 자급자족으로 해소했던 생활 서비스를 전문가에게 위탁해 해결하는 소비자들이 늘고 있다. 과외, 가사일, 인테리어 등 이미 익숙한 일대일 서비스를 넘어 취미생활, 반려동물 관련 서비스까지 그 범위도 다양해졌다.

'숨고'는 '개인 맞춤형 생활 서비스 거래 플랫폼'으로 이른바 숨은 고객과 고수를 찾아 연결해준다. 2016년 미국 최고 스타트업 육성 프로그램인 와이콤비네이터(Y Combinator)에 입성해 화제가 됐던 숨고는 현재까지 서비스 내실을 탄탄하게 다지고 있다는 평가를 받고 있다. 현재 32만 명의 고수가 700여 종의 서비스를 제공하고 있으며 전체 앱 이용자 수는 230만 명이다. 사용자 간 거래도 활발하게 이뤄지고 있다. 2019년 기준 누적 견적 수가 1,000만 건, 거래액은 2,450억 원에 달한다. 2019년에는 145억 원 규모의 시리즈B 투자도 유치했다.

숨고는 고수들과의 인터뷰, 시장조사를 통해 옷장 정리, 비즈니스 영어, SAT 과외, 세탁기 청소 등 고객이 원하는 서비스를 빠르게 확장했다. 숨고의 가장 큰 매력은 특정 서비스나 가격을 플랫폼이 직접 정하기보다 고객이 고수와 연락해 고객이 직접 자신의 상황에 맞는 적정 가격의 세분화된 서비스를 제공한다는 점이다.

나만의 주문제작 서비스

커스텀 프린팅 플랫폼 '마플'은 온라인 커스텀 에디터를 통해 원하는 디자인의 상품을 만들고 최소 수량 제한 없이 원하는 대로 주문, 결제까지 한 번에 진행된다. 사용자 중심으로 개발된 자체 솔루션으로 초보도 쉽게 디자인해 '나만의 상품'을 만들 수 있다. 마플샵에 등록된 인플루언서 판매자는 '온라인 상품 만들기' 기능을 통해 쉽게 샘플을 만들어 유튜브, 페이스북, 인스타그램 등 다양한 채널에 상품을 등록한다. 고객이 구매 신청을 하면 마플에서 상품을 제작해 바로 고객에게 배송하는 시스템이다.

나만의 신발을 만드는 '신발 커스텀'은 시중에 판매되는 기성 신발을 개인의 취향에 맞게 개량 또는 변경하는 것으로 고객 맞춤형 특별 주문 제작을 의미한다. 기존 신발에 원하는 색이나 무늬를 입히는 '페인팅'과 신발을 해체해 새로운 형태로 만들어내는 '리폼'으로 나뉜다.

초니치 시장의 승자가 되어라

일반적이고 보편적인 소비자 만족을 위한 상품과 서비스를 넘어서 성별, 연령, 직업, 종교, 식습관, 건강 정보, 스포츠, 정치적 신념, 소득 수준, 연애 스타일, 여행, 취미 등 개인의 취향과 개성을 존중하고 그들의 스타일과 가치에 맞춰 제안하는 새로운 유형의 상품과 서비스를 개발 및 제공해야 한다. 이렇게 시장을 스스로 매우 작게 한정해 소비자의 요구에 정확히 부합하는 상품과 서비스를 제공할 수 있다면 규모가 작은 스타트업 혹은 1인기업이라 하더라도 요즘의 초니치 시장에서는 누구나 승자가 될 수 있다.

업계에 따라 초니치 전략을 적용하기에는 초니치 시장의 규모가 너무 작아 수요가 충분치 않다는 우려도 있을 수 있다. 하지만 유튜브와 구글로 대표되는 온라인 미디어와 검색이 틈새시장을 파고들 수 있도록 확대되었기 때문에 개인적 취향까지 적극적으로 맞추는 상품과 서비스는 아주 유효한 전략이다.

건강은 또 하나의 자기 관리 트렌드

한국인들이 '불안 바이러스'에 감염되고 있다. 2008년 가을에는 금융시장 불안, 고용 불안, 투자 불안 등 불안한 한국 사회의 단면을 보여주는 뉴스가 연일 신문을 장식하더니, 2020년 봄에는 코로나19로 인해 건강과 안전의 불안과 함께 세계 경제와 교육이 유례없는 위기에 직면했다는 소식이 끊이지 않는다.

IMF는 최신 세계 경제 전망(World Economic Outlook) 보고서에서 2020년 세계 경제 성장률을 -3.0%로 예상했다. 이는 1930년대 대공황 이후 최악의 경기 침체다. 세계 각국은 바이러스 확산의 억제를 위해 이동을 제한하고 사회적 거리두기(Social Distancing), 재택대비(Stay-At-Home) 등을 의무화했다. 코로나19 장기화에 따라 가정에서 업무, 여가 등 대부분의 시간을 보내는 사람들이 급증하고 건강관리와 위생에 대한 인식이 높아지면서, 지친 몸과 마음의 균형을 찾는 퍼스널 헬스케어 분야에 대한 관심이 커졌다.

| 퍼스널 헬스케어 관련 소비 품목 |

건강보조식품	비타민/식이보충제, 체중관리식품, 스포츠영양제, 인삼, 홍삼추출물
의약품/의료용품	의약품, 소매의약품, 체온기, 혈압기, 진단키트
위생용품	비누, 클렌징용품, 소독제, 손세정제, 청소용품, 비데

– 비타민, 홍삼, 칼슘 등 건강보조식품 및 자가 예방· 치료를 위한 의약품, 위생용품 수요 증가

* 미국은 화장지 품절 대란이 지속되고 있는 가운데, 비데 판매기업 Tushy는 코로나 이후 매출이 10배 이상 증가하는 등 위생용품에 대한 소비자 관심 확대
* 향후 5년간 중국의 스포츠영양제 판매액은 연평균 16.1%, 비타민/식이보충제는 연평균 3.4% 성장할 것으로 전망(유로모니터)

출처: 〈TRADE FOCUS〉, 2020년 21호

특히 고령 인구는 코로나19 치명률이 높은 고위험군으로, 그 어느 세대보다 엄격한 외출 자제가 요구되고 있다. 이에 따른 편리한 가정생활, 위생 안전 개선 등 새로운 고객 니즈에 부합하는 상품·서비스 개발과 품목 다변화가 이루어져야 한다. 그뿐만 아니라 고령 소비자들이 빠른 속도로 온라인 시장에 유입되고 있는 만큼 고령층에 최적화된 인터페이스 개발, 의료기기·건강기능식품 등 상품 카테고리 확장, 고객서비스 다양화 등이 요구된다.

혼자서 내 몸을 건강하게

건강은 언제나 사람들의 관심이 식지 않는 키워드다. 그런데 코로나19로 인해 헬스장 등 외부 운동시설 이용이 어려워지자 혼자서 운동하는 방법들이 생겨났다.

홈 헬스

홈PT 앱, 실내 운동용품 수요가 확대되었다. 홈PT 서비스를 제공하는 'Beach Body' 사용량은 작년 대비 79% 이상 증가했고 Pelon, Barre3 등은 1,000개 이상의 클래스를 추가했다. 미국 내 코로나19가 확산된 3월부터 요가매트, 아령, 실내자전거 등은 구글과 아마존에서 상위 검색어에 꾸준히 포함되며 소비자들의 높은 관심도가 이어지고 있다.

도심 속 건강 걷기

경북 영주시 보건소는 시민들의 생활 속 걷기 운동 분위기 확산과 건강걷기 실천 유도를 위해 모바일 걷기 앱을 통한 '걷기왕 챌린지'를 실시했다. 걷기왕 참여자는 참여 신청서 접수 및 모바일 걷기 앱 등록 후 한 달간 나만의 걷기 운동을 실천했다. 걷기왕 챌린지는 코로나19로 인한 생활 속 거리두기 등으로 각종 모임 등이 제한되는 요즘 1인 걷기 실천을 통해 일상생활 속에서 소소한 걷기의 즐거움을 누리고 건강한 걷기 문화를 정착시키는 계기가 됐다.

머리를 비우고 마음을 다스리기

현대인의 질병인 스트레스는 언제나 우리를 위협한다. 머릿속 생각이 복잡해지고 마음속이 답답

해질 때 적절한 멘탈 관리가 필요하다.

명상 호흡

베트남 출신의 승려이자 시인인 틱낫한은 마음속의 '화'를 다스려야 마음은 평화를 누리고, 얼굴에는 미소를 지으며 살 수 있다고 말했다. 스트레스로 인한 질병이 늘고 있는 현실에서 누구에게나 공감이 가는 이야기가 아닐 수 없다. 그 때문인지 최근 사람들 사이에서 마음을 다스리는 명상 바람이 불고 있다.

나를 위한 글쓰기

글쓰기에 앞서 자신의 마음을 들여다보는 시간을 가짐으로써 자아 성찰 및 성장의 계기가 되고 글쓰기를 통해 자신의 일상을 지켜보고 떠오르는 생각과 감정을 언어로 표현하는 과정에서 진정한 자신의 가치를 깨닫고, 글을 쓰는 재미와 정신적 치유도 함께 얻을 수 있다.

정신적 피로를 덜어주는 안마의자

바디프랜드의 '멘탈 마사지'는 세계 최초로 멘탈 관리에 도움을 주는 마사지 프로그램이다. 바디프랜드 메디컬R&D센터는 멘탈 마사지를 꾸준히 받았을 때 스트레스를 줄여 멘탈을 케어하는 데 도움이 된다는 실험 결과를 대한신경정신의학회에서 발표했다. 프로그램은 정서에 도움이 되는 신체 마사지를 하는 동시에 고음

질의 스피커를 통한 힐링 음악과 정신과 전문의의 인지적 멘트로 구성됐다. 세부적으로는 위로, 희망, 자존감, 감사, 용서, 트라우마 총 6개 프로그램이다.

내 몸에 알맞은 계절 차 마시기

차도 제각기 알맞은 계절이 있어서 봄에는 잎차, 여름에는 꽃차, 가을엔 열매차, 겨울엔 뿌리차 등 다양한 방식으로 제철 약차를 계절별로 즐길 수 있다. 이렇게 할 때 차를 통해 보혈과 보양은 물론이고 해독과 치유 효과까지 볼 수 있다.

계절의 흐름에 따라 자기 몸에 맞는 약차를 마시면 별다른 노력 없이도 몸과 마음을 건강하게 유지할 수 있다. 현대인들이 즐기는 커피와 술, 인스턴트 식품으로부터 건강을 지키는 데 가장 좋은 명약이 바로 제철 약차다.

비싸거나 싸거나, 1인 소비의 양극화

'1인 소비의 양극화'란 한 개인이 품목과 기호에 따라 자신의 소득 수준보다 높거나 낮은 소비를 동시에 하는 '이중적 소비 패턴'을 말한다. 즉 소비자 한 사람 안에서 고가품과 저가품의 상반된 소비 행태가 동시에 일어나는 것이다. 평소에는 저가품 위주의 가성비를 따지지만 특별한 날에는 고가품 위주의 가심비(가격 대비 마음의 만족)를 추구한다.

'앰비슈머(Ambisumer)'는 양면성(Ambivalent)과 소비자(Consumer)의 합성어로, 우선순위에 있는 것에는 돈을 아끼지 않지만 후순위에 있는 것에는 최대한 돈을 아끼는 소비자를 말한다. 획일적인 소비 패턴을 벗어나 건강과 맛, 재미와 합리성, 특별함과 간단함 등 양극화된 소비를 즐긴다.

"이모씨는 몽클레어 패딩 점퍼에는 지갑을 과감히 열면서 저녁 반찬 값은 300원이라도 아껴보려고 자체 상품(PB: Private Brand)을 구매합니다."

"박모씨는 통신사 할인, 쿠폰 등으로 저녁식사값을 아끼지만 디저트는 유명 제과점을 고집합니다."

– 홍지영, <"고가 패딩 대신 값싼 반찬"…'가치소비' 확산>, SBS NEWS, 2016. 12. 12.

앰비슈머는 가성비와 가심비로 나뉘던 기존 소비 패턴과는 달리 2가지를 모두 추구하는 특성을 보인다. 한국농촌경제연구원 관계자는 "앰비슈머는 평소에 저가 소비를 추구하지만 특별한 날이나 자신의 수고를 덜어주는 서비스에는 기꺼이 지갑을 연다"라며 "점심에는 건강한 샐러드를, 저녁에는 마라탕과 고량주를 먹는 등 건강과 행복을 동시에 챙긴다"라고 말했다.

실제 카페 창업 시장에서도 저가의 커피가 인기였던 시대를 지나, 소비자가 직접 취향에 맞는 원두를 선택하는 등 프리미엄 판매가 바람을 타고 있다. 미국 스페셜티 커피 협회(SCAA)의 까다로운 평가에서 100점 만점 중 80점 이상을 받은 원두를 사용한 '스페셜티 커피'가 인기를 얻는 것도 이러한 이유 때문이다. 한 잔의 커피를 마시더라도 가격보다는 퀄리티에 초점을 두는 것이다.

이러한 가운데 '만랩커피'는 스페셜티 커피는 비싸다는 고정관념을 깨고, 상위 7%의 프리미엄 원두를 사용한 커피를 2,000~3,000원대의 합리적인 가격에 선보이는 커피 프랜차이즈 창업 브랜드로 주목을 받았다. 매일 마실 수 있는 합리적인 가격의 스페셜티 커피를 고객에게 제공하겠다는 뜻의 'DAILY SPECIALTY COFFEE'라는 슬로건을 내세웠다. 덕분에 높은 고객

만족도와 재방문율이 다수의 체인 지점에서 확인됐다. 이러한 창업 성공사례를 바탕으로 한국미디어리서치 주관, 기업 및 소비자 선호도 3개 영역에서 대상을 수상하며 유망창업아이템으로 인정을 받았다. 아울러 대형 커피체인점부터 작은 카페 창업까지 활발하게 이뤄지는 핵심 상권에서 놀랄 만한 매출성과를 올리며 커피에 대한 기준이 까다롭기로 유명한 호주로까지 진출해 세계 각국의 카페 창업 전문가들에게 주목받고 있다.

이와 비슷한 소비 현상은 이미 10여 년 전, 미국과 일본에서도 있었다. 미국에서는 일상용품은 값싼 상품을 쓰면서 특정 용품에 대해서는 고가 소비에 집중하는 '로케팅 트렌드(Rocketing Trend)'가 일어났다. 일본에서는 거품 붕괴 시기에 대다수 사람들이 소비를 줄였지만 소비 욕구은 참을 수 없어서, 전반적인 소비 지출을 줄이면서도 특정 부문에서는 고급 소비를 하는 '일점호화소비(一占豪華消費)'가 유행했다.

'고오급' 아니면 초저가형이 대세

수천만 원을 호가하는 초대형 프리미엄 TV가 인기리에 팔리는 반면 가성비를 내세우는 수십만 원대 자체브랜드(PB) 상품 매출도 높아지는 등 코로나19 이후 가전제품 구매에 소비 양극화 현상이 더욱 뚜렷해지고 있다. 자신이 필

영국 프리미엄 오디오 브랜드 '루악 오디오 R7 MK3'
출처: 씨제이몰(cjmall) 홈페이지

요로 하는 가치를 추구하는 현상과 경기 둔화로 인한 소비 심리 위축이라는 2가지 심리가 공존하며 소비 행태가 극단화된 것이다.

CJ오쇼핑은 가전상품 고급화 트렌드에 따라 2020년 1월부터 7월 중순까지 40여 회의 TV상품 판매방송을 편성했다. 이미 지난해 편성 횟수를 넘어선 수치다. 특히 이 중 3분의 1이 75인치 상품이었다.

실제로 'CJ오쇼핑'에서는 세계적인 하이엔드 스피커 브랜드인 '루악오디오 R7 MK3'(499만 원)를 방송으로 판매했다. '세상에서 가장 아름다운 오디오'라는 별명을 가진 이 모델은 500만 원에 육박하는 가격이다. 이외에도 여름 대표가전인 에어컨도 300만 원이 넘는 고급형 모델이 인기다. 2020년 1월부터 6월 말까지 300만 원대의 고급형 에어컨 판매 방송은 이미 지난해 편성 횟수(16회)를 두 배나 넘긴 30여 회에 이른다.

백화점, TV홈쇼핑에서는 명품 브랜드 유치에 힘쓰고 리빙과 가전 역시 프리미엄 상품군이 늘어나는 추세다. 하지만 마트 등 오프라인 유통업계의 분위기는 전혀 다르다. 온라인 업체의 경쟁 심화로 저가를 넘어 이젠 '초저가'가 아니면 살아남기 힘든 환경이다.

이를 위해 이마트는 유통 마진을 최소화하고 대규모 물량을 사전 계약하는 방식을 통해 신 가격정책인 '국민가격'을 선보였다. 롯데마트 역시 현재 300개 수준인 PB브랜드 '온리프라이스' 품목을 더 늘렸다. 초저가 상품이 중점은 아니지만 파트너사의 협력, 원가 구조 혁신 등을 통해 합리적인 가격대의 상품을 선보이겠다는 뜻이다.

전문가들은 소비의 중간지대가 사라지고 있다고 말한다. 소비자들의 '가치 소비'로 인한 프리미엄 상품 구매와 그렇지 않은 소비자들의 저가 상품 구매가 가장 '합리적'인 것으로 비치고 있기 때문에 중간 가격대의 상품들이 설 자리를 잃게 된다는 것이다. 애매한 중간은 살아남을 수 없는 시대가 되어버렸다.

모든 것은 집 안에서,
셀프 소비의 매력

장기적인 경기침체로 인해 가계대출과 실업률이 높아진 반면 소비자동향지수는 낮아졌다. 이와 더불어 개인이 SNS를 통해 자신을 표현하기 쉬워졌고, 남들과 다른 자신의 이미지를 구축하고자 하는 경향이 강해졌다. 그래서 저렴하지만 개인화된 소비를 통해 효용을 극대화하는 성향이 유행하게 되었다. 거기에 코로나19로 인한 비대면 소비가 더해져 가성비를 중시하는 사람은 지출은 최소화하되 만족감은 극대화하고자 점점 더 '집'으로 들어가고 있다.

BC카드 빅데이터센터는 《빅데이터, 사람을 읽다》를 통해 "집 안에서의 니즈가 다양화됨에 따라 집순이와 집돌이가 여러 형태로 분화하고 있다. 편안하게 소박한 행복을 꿈꾸는 휘게(Hygge)족, 나홀로 즐길 거리에 집중하는 홀로(H-YOLO)족, 집 안에서 경험 극대화를 추구하는 인스피리언스(Insperience)족이 인테리어, 반려동물,

고급 가전과 DIY(Do It Yourself) 제품의 적극적 소비 지출을 이끌고 있다"라고 분석했다. 거기에 '나다움'을 중시하는 MZ세대는 주거 공간에서 다양한 활동을 즐기며 홈족 문화의 원동력이 되었다.

'셀프 소비'는 경제생활에서 소비자가 직접 과정에 참여해 자신의 비용이나 업체 비용을 절약하는 서비스 형태까지를 포괄한다. 기존에 종업원에게 주던 급여나 운영 프로세스에서 절감된 비용은 소비자에게 돌아간다. 즉 소비자 스스로 수고하는 대가로 비용 면에서 이익을 받는 것이다.

사람들이 집에서 요리해 먹고 취미 생활을 향유하며 집 꾸미기에 관심을 가진다. 무엇보다 집에서 향유하는 생활은 외부와 비교할 수 없을 정도로 가성비가 높다. 전문 요리사가 소개하는 쉽고 저렴한 레시피는 누구나 따라 할 수 있다.

최근에는 적은 비용으로 집을 꾸미는 셀프 인테리어가 인기다. 가구 제작부터 도배, 페인트칠, 부엌과 화장실 개조까지 스스로 해결하는 것이다. 휴가도 집에서 즐기는 이른바 '홈캉스'가 대세다. 또 셀프 뷰티 제품을 구매해 스스로 피부를 관리한다. 밖에서처럼 억지로 자신의 취향을 맞춰야 하는 불편함이 없고 비용도 훨씬 적게 들기 때문에 집 안에서 놀기를 원하는 소비자가 점점 증가하고 있다.

내 맘대로 집밥 먹기, 집쿡

멀티쿠커 '슈퍼 스팀팟'
출처: 휴롬(hurom) 홈페이지

MBC 예능 프로그램 〈백파더 : 요리를 멈추지 마!〉
출처: MBC 홈페이지

주방·생활용품 업계가 앞다퉈 주방가전으로 영역을 확대하고 있다. 코로나19에 따른 경기부진으로 몸살을 앓는 다른 업종과 달리 이 업계는 오히려 '외식 대신 집밥'이라는 트렌드 덕분에 특수를 누리는 상황이다. 집콕생활과 집에서 다양한 요리를 만들어 먹고자 하는 집쿡(Cook) 수요가 늘어난 것이다.

MBC 쌍방향 라이브 요리쇼 〈백파더 : 요리를 멈추지 마!〉는 백

종원의 요리 노하우와 레시피를 배워보고 싶은 전국의 집쿡러들을 위한 TV-온라인 생방송 쿠킹 클래스다. 연출을 맡은 신상호PD는 "실시간으로 소통하고 공감하며 요리하고, 같은 음식을 즐기는 게 '집쿡라이브'의 가장 큰 매력"이라고 말했다.

인테리어 시장의 뉴노멀,
집 꾸미기 열풍

코로나19의 확산으로 집에 머무는 시간이 길어지면서 '집 꾸미기' 수요가 폭발적으로 증가했다. 대형기업부터 스타트업까지 인테리어 기업의 성장세는 코로나19 등의 영향이 컸던 것으로 시장 관계자들을 평가한다(한샘 2·4분기 영업익 172% 증가, 오늘의집 거래액 1,000억 원). 일반적으로 주택 거래가 활발하고 신축 아파트 등이 많아져야 인테리어 시장도 좋아지는데, 코로나19가 인테리어 시장의 '뉴노멀'을 만들었다는 설명이다.

또한 홈 카페 분위기를 내고 싶어 하는 수요가 늘어난 가운데, 정수기도 함께 관심을 받고 있다. 코웨이는 2020년 전략상품인 '코웨이 AIS 정수기(CHPI-7510L/CPI-7510L)' 상품기획 단계부터 얼음정수기에 대한 소비자 요구 사항을 반영했다. 얼음과 냉수를 각각 생성하는 '듀얼 냉각 시스템'을 도입했고 얼음의 위생도 고려했다. 그리고 기존 정수기 기능에 신선한 탄산수도 제공한다. 이 상품은 집에서도 시원한 얼음을 활용해 다양한 음료와 깨끗한 물을 언제나 마실 수 있어 꾸준한 사랑을 받을 것으로 기대한다.

방콕 취미생활

식물을 키워보는 것도 일상 속에서 만족감을 얻을 수 있는 좋은 방법이다. 포털 검색창에 '대파'를 치면 '슬기로운 집콕 생활 대파 키우기', '나의 반려식물 대파를 소개합니다', '대파를 활용한 신혼집 플랜테리어' 등의 제목을 단 글들을 볼 수 있다. 심지어 먹자고 키우는 텃밭의 대파가 아니라 키우면서 위로받는 반려식물로 등극한 대파 이야기다.

인스타그램에서 '대파 키우기'를 검색하면 수천 건의 게시물이 나온다. 식물 키우기는 흔히 은퇴자의 취미생활로 꼽히지만 코로나19로 '집콕'이 늘면서 젊은 세대들도 반려식물에 정을 들이기 시

SNS에서 공감 얻는
대파 수경재배 후기
출처: 인스타그램

작했다. 그중 대파 키우기는 가성비 좋은 취미로 어느 정도 키우면 먹을 수도 있다.

셀프
뷰티

외부 접촉을 피하고, 집에서 보내는 시간이 늘면서 '나홀로 뷰티족'이 급증하고 있다. 실제로 인스타그램에 '#집콕' 관련 게시물을 보면 저마다 집에서 홈케어를 하는 모습이 상당수다. 이러한 추세에 따라 전문샵에 가지 않아도 혼자 간편하게 관리할 수 있는 '홈 뷰티 제품'이 눈길을 끌고 있다. 그중에서도 한 번 소홀해지면 걷잡을 수 없는 왁싱, 헤어, 네일 케어 상품들이 크게 주목받고 있다.

올리브영 관계자는 "코로나19로 외출을 삼가고 재택근무 등으로 집에서 시간을 보내는 경우가 늘어남에 따라 집에서 스스로 미용 관리를 하려는 '셀프 뷰티족'을 중심으로 네일 영양제, 젤네일 등 셀프 네일용품 수요가 증가했다"라고 설명했다. GS리테일이 운영하는 H&B스토어 랄라블라는 셀프 네일 관련 상품이 전년 동기 대비 40.1% 신장한 것으로 확인했다.

한편 치열해진 셀프 네일 시장 경쟁에서 네일 브랜드 데싱디바는 웹툰작가 주호민을 광고 모델로 발탁하고 바이럴 영상광고 '데싱디바 글로스 주호민 네일'을 공개했다. 배우 수지 등 젊은 여성

데싱디바 주호민 편 광고 장면
출처: 데싱디바(dashingdiva) 바이럴 영상

모델이 대부분이었던 네일 뷰티 제품 광고 시장에서 소비자들의 이목을 끌고 재미를 주기 위한 목적이다.

주호민은 1인 5역을 맡아 다섯 손가락의 손톱으로 등장한다. '민네일'에서 '빛네일'로 진화하는 주호민을 통해 데싱디바 글로스의 특장점인 '초간단·초밀착·초광택'을 재미있고 실감나게 소개한다.

이외에도 다양한 실내 취미를 즐기는 소비자들을 위한 게임기나 직접 손으로 만들어 성취감을 느낄 수 있는 DIY아이템을 중심으로 실내 여가생활 아이템에 대한 관심은 높아질 것이다.

불황기에 떠오르는 작고 소중한 사치품

일반적으로 경제가 어려우면 소비가 줄어든다. 하지만 경제가 어려운 가운데 립스틱, 미니스커트 등의 화려한 사치품의 소비는 증가한다.

1930년대 미국의 대공황 시절, 경제난으로 전체적인 소비가 줄었지만 저가 상품인 립스틱 매출은 상승했다. 이런 특이한 현상을 경제학자들은 '립스틱 효과'라고 명명했다. 본래는 립스틱만 발라도 분위기를 바꾸는 효과를 얻는다는 뜻을 지니고 있었는데, 이것이 경제 상황에 도입되면서 경제적 여건이 어려울 때 립스틱처럼 저렴한 가격으로 만족할 수 있는 상품이 인기를 끄는 현상을 의미하게 되었다.

이와 비슷한 개념이 바로 작은 사치다. 작은 사치는 일종의 립스틱 효과가 확대된 개념이다. 자동차·의류·가방 등 대형 사치품 대신 화장품·식료품 등 작은 상품에서 소비의 만족을 얻는 트렌드를 말한다. 수입차·가방 등 고가 상품을 살 경제적 여유가 없거나 기분전환용으로 작지만 비싼 소품을 사는 경우다. 불황에서 소비가 증가했던 과거 립스틱 효과가 패션·뷰티 사치품에 한정해 사용됐다면, 작은 사치는 프리미엄 세제, 유모차 등 생활용품까지 범위가 확대된 개념이라 할 수 있다.

맘 편히 살 수 있는 명품, 화장품

수천만 원대 가방을 제작하는 프랑스 에르메스(Hermes)는 지난 3월 전 세계 35개국에서 '루즈 에르메스 컬렉션'을 출시하며 화장품 시장에 본격 진출했다. 일찍부터 뷰티 시장에서 쏠쏠한 수익을 내던 샤넬과 디올의 뒤를 이어 뒤늦게 뷰티 시장에서 '스몰 럭셔리' 전쟁에 합류했다.

스트레스로 공허해진 마음을 채울 수 있으면서 가격 면에서 부담스럽지 않은 '스몰 플렉스(FLEX)' 시장에 명품 업체들이 적극 진입해 작은 것 하나라도 비싼 수입 상품을 쓰려는 풍조가 대중화됐다. 스몰 럭셔리가 겨냥하는 고객은 역시 MZ세대다. 이들은 5060세대에 비해 경제력은 낮지만 명품 소비를 즐기다보니 스몰 럭셔리의 최대 고객이 되었다. 에르메스 뷰티의 립스틱이 출시된 이 날, 백화점 개점과 동시에 매장에 인파가 몰려들었다. 코로나19로 백화점 전체가 한산한 가운데, 에르메스 립스틱 인기 색상은 금세 동났다.

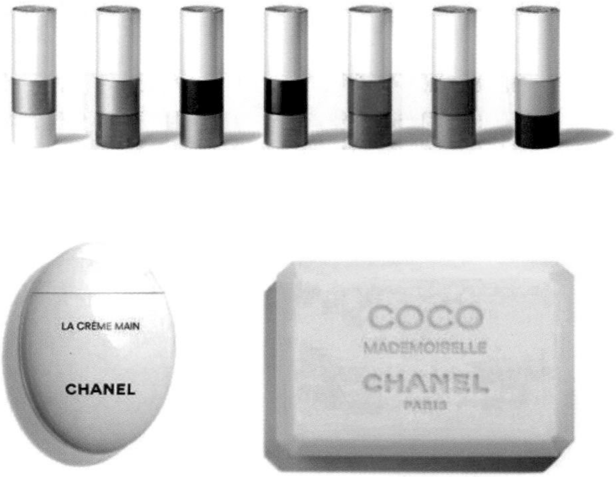

에르메스 '루즈 에르메스 립스틱' 약 9만~10만 원(위), 샤넬 '라 크렘 망 핸드 크림' 8만 원(왼쪽 아래), 샤넬 '코코 마드모아젤 바디 솝' 약 4만 원(오른쪽 아래). 립스틱이나 핸드 크림의 일반적인 가격을 생각하면 비싼 가격이지만 명품 백이나 수입차보다 훨씬 저렴한 가격으로 명품을 소유할 수 있다는 점에서 소비자들에게 사랑받는 '스몰 럭셔리' 상품군이다.
출처: 에르메스, 샤넬 홈페이지

좋은 그릇에 담긴 떡이 먹기도 좋은 고급 플레이팅

'#요리스타그램'에 이어 '#그릇스타그램'의 인기가 뜨겁다. 요리에 대한 관심이 그릇으로 옮겨졌다. 집에서 밥 한 끼를 먹어도 마치 고급 레스토랑에 온 듯 플레이팅하는 흐름이 확산되면서 '홈파티', '홈스토랑(홈 + 레스토랑)'의 문화로 자리 잡게 되었다.

구매방식도 다양해졌다. 과거에는 세트 구매가 일반적이었는데 요즘은 개별 구매를 선호한다. 한식과 양식은 물론이고 동아시아, 남미 등의 에스닉 푸드까지 집에서 요리하는 트렌드에 맞춰 그릇을 구매한다. 다른 나라의 요리에 맞는 주방용품에 대한 수요가 늘면서 높은 가격대에도 불구하고 유럽 프리미엄 브랜드 웨지우드, 포트메리온, 로얄코펜하겐, 빌레로이앤보흐 등의 인기가 높다.

웨지우드 르네상스 골드 5피스 세트
출처: 위즈위드(WIZWID) 홈페이지

이젠 치약도 명품이다

1만 원이 훌쩍 넘는 프리미엄 치약도 인기다. 이마트는 대형마트업계 최초로 치약계의 샤넬로 불리는 이탈리아 명품치약 마비스를 선보였다. 마비스는 이탈리아 여행 쇼핑 필수품으로 항상 언급되는 상품이다. 100년 이상 지속된 이태리 전통 기법으로 추출한 '천연 민트'를 사용해 만든 프리미엄 치약이다.

LG생활건강에서 선보인 펌핑치약도 개당 가격이 1만 원대임에도 불구하고 출시 5년 만에 1,500만 개 이상 팔리며 히트 행진을 지속하고 있다. 이마트 관계자는 "작은 사치를 통해 행복을 누리고자 하는 '소확행'이 트렌드로 자리잡으며 생필품 영역에서도 프리미엄 상품 수요가 높아지고 있다"라고 전했다.

이탈리아 명품치약 '마비스'
출처: 마비스(sidam) 홈페이지

고급 간식에서 느끼는 이국의 향기

스페인 프리미엄 감자칩 '라 아부엘라 니에베스'는 값비싼 아그리아 감자, 질 좋은 해바라기오일 그리고 지중해 천일염으로 만든 프리미엄 스페인 수제 감자칩이다. 이외에는 어떤 재료도 더하지 않기에 감자칩 단 한 조각으로도 명료한 맛을 경험할 수 있다. 현재까지도 100% 수제 팬 프라이 방식을 고집하는 라 아부엘라 니에베스의 감자칩은 까다로운 자격요건 및 평가절차를 통해 선정되는 스페인의 '카스티아 이 레온(Castilla y Leon)' 장인 인증을 보유했다.

지중해의 태양과 장인의 신념이 깃든 감자칩은 친환경 생산과 100% 핸드메이드 상품이다. 염도가 낮아 짜지 않고 식감이 뛰어나 현지를 비롯해 한국에서도 건강식으로 인기를 끌고 있으며 현재 마켓컬리 베스트 판매 상품 중 하나다.

스페인 수제 감자칩 '라 아부엘라 니에베스'
출처: 라 아부엘라 니에베스
(handmadepotatochips) 홈페이지

SOLD OUT

2장

1인 라이프,
이런 상품들이
잘 팔린다

1인 가구의 기본적인 청소와 식사

1인 가구가 900만 명을 넘었다. 결혼을 원치 않는 성인남녀가 대폭 늘어나며 1인 가구 역시 기업들이 주목하는 하나의 소비 시장이 됐다. 전체 인구의 10%를 넘는 시장이 된 1인 가구의 주요 소비 트렌드는 '편리미엄(편리함+프리미엄)'이다. 편리미엄은 개인의 시간과 노력을 아낄 수 있는 편안한 상품과 서비스를 선호하는 현상을 가리키는 신조어다. 비용이 조금 더 들더라도 편리함이 보장된다면 소비하는 흐름을 의미한다.

기업들은 1인 가구 혼자 의식주를 해결하는 것에서 오는 문제점과 불편함에 집중해 '청소 대행', '빨래 대행', '밀키트' 등 여러 가지 아이템들을 시장에 내놓아 공략하고 있다. 1인 가구의 소비 특성과 맞물리면서 관련 시장은 점점 성장하고 있는 추세에 따라 '편리미엄' 관련 상품과 서비스를 소개하고자 한다.

청결하고
단순한 생활

혼자 산다는 것은 만만찮은 일이다. 집을 구하는 것부터가 일인데, 괜찮은 집을 구하고 나면 이사를 준비하고, 인테리어를 어떻게 할지 구상해야 한다. 인테리어까지 끝낸 후에는 새 보금자리를 깔끔하게 유지하기 위해 매일같이 쓸고 닦아야 한다. 하지만 바쁘게 살다 보면 깔끔하게 살기가 쉽지 않다. 바쁘고 피곤하다는 이유로 점차 청소를 소홀히하게 되고 어느 순간 손을 댈 수 없는 지경에 이른다.

'청소연구소'는 출장이나 야근이 잦아 청소 도움이 절실한 1인 가구를 위한 청소대행 서비스다. 앱을 통해 방, 화장실, 거실 등 원하는 영역의 예약을 신청하면 여성 청소 매니저가 파견된다. 이용자들은 '키를 맡길 정도로 신뢰도가 높은 서비스', '퇴근하고 들어오는 순간 지저분한 집이 초기화되어 있는 것을 보고 기분이 좋았다'라며 긍정적인 평가를 이어가고 있다. 청소연구소 서비스는 19평 이하 건물 기준 3시간 30분 서비스를 약 5만 원에 체험해볼 수 있다. 주로 원룸에 거주하는 직장인의 경우 부담 없이 지불할 수 있는 금액이다. 현재 서울 전 지역과 경기 일부 지역에서 이용할 수 있다.

청소 못지않게 귀찮은 것이 있다면 단연 빨래를 꼽을 수 있다. 옷마다 세탁 방법이 달라 일일이 세탁 라벨을 확인하고, 그에 맞는 방법으로 세탁을 해야 하니 번거롭지 않을 수가 없다.

가사도우미 '청소연구소'
출처: 청소연구소(cleaninglab) 홈페이지

빨래 없는 생활 '런드리고'
출처: 런드리고(laundrygo) 홈페이지

이불 없는 라이프 '클린 베딩'
출처: 클린 베딩(cleanbedding) 홈페이지

코인 빨래방의 물리적인 한계를 개선하기 위해 세워진 런드리고는 '모바일', '비대면', '스마트팩토리', '올인원', '구독경제'라는 핵심 키워드를 만족하는 세탁 대행 서비스다. 앱으로 세탁 대행 서비스를 주문하면 당일 밤 11시까지 세탁물을 수거해 런드리고 스마트팩토리에서 세탁을 진행하고 다음 날까지 비대면으로 배송해준다. 자동화 공정을 갖춘 세탁 공장을 직접 운영하기 때문에 기존 세탁소, 코인 빨래방 등에서 책정된 가격보다 저렴하다. 또한 세탁물에 친환경 비닐을 사용하고 이 비닐을 재사용해 환경보호에 앞장서고 있다는 점도 특별하다.

사용자가 손꼽는 런드리고의 가장 좋은 점은 바로 고객의 스마트폰과 연동해 안전하게 맡길 수 있다는 것이다. '스마트키'를 누르고 블루투스 연결이 뜨면 개인 전용 빨래함인 '런드렛'을 열고 닫을 수 있어 집 앞에서 세탁물을 안전하게 주고받을 수 있다.

거대한 침구류를 주기적으로 세탁하는 일은 쉽지 않으며 또 세탁기가 없는 1인 가구들이 이불을 들고 빨래방을 주기적으로 찾기도 쉽지 않다. '클린 베딩'은 고객마다 고유 침구를 배송해준 뒤, 정기 교체해주는 침구 교체 구독 서비스다. 1명당 침구 2세트가 단독으로 배정되어 위생이 보장된다.

5성급 호텔 납품 공장에서 생산된 침구를 전문 세탁업체에서 향균 세탁하기 때문에 세탁 이후에도 더욱 깔끔하게 사용할 수 있다. 특히 커버형 상품의 경우 혼자서도 씌우고 벗기기가 용이해 1인 가구에게 인기가 많아 정기적으로 깨끗한 침구를 문 앞으로 받아볼 수 있다.

설거지를 마친 뒤 싱크대 거름망 틈새에 낀 음식물 찌꺼기를 긁어내는 것은 여간 성가시고 불쾌한 일이 아니다. '바로톡'은 생분해되는 소재로 만든 일회용 싱크대 거름망이다. 음식물과 같이 거름망 통째로 '바로 톡' 하고 버려도 180일 뒤 생분해돼 환경에 무해하다.

싱크대 배출 용기에 끼웠다가 음식물 찌꺼기가 모이면 거름망과 함께 버리면 되니까 싱크대 세균과 악취로부터 주방 환경을 청

생분해 싱크대 일회용 거름망 '바로톡'
출처: 바로톡(barotok) 홈페이지

결하게 유지하기 쉽다. 또한 설거지할 때마다 싱크대 거름망을 닦을 필요가 없어 음식물 찌꺼기를 손으로 직접 만지지 않아도 돼 편리하다. 젖은 상태에서 내구성 테스트를 통과해 쉽게 찢어지지 않으며, 100℃의 뜨거운 물을 부어도 형태와 기능이 그대로 유지되는 장점이 있다.

든든하고 건강한 혼밥

밥 먹는 것도 보통 일이 아니다. 특히 1인 가구 중에는 하루 세끼 모두를 혼자 식사하는 경우도 적지 않다. 혼밥도 혼밥 나름이다. '부실한 혼밥'을 습관화하면 자신의 건강을 위협하는 부메랑으로 돌아올 수 있다. 기왕이면 '건강한

밀키트 '프레시지 블랙라벨'
출처: 프레시지(fresheasy) 홈페이지

혼밥'을 즐기면 어떨까.

손질된 재료를 레시피 순서대로 넣고 조리하기만 해도 제대로 된 집밥을 즐길 수 있다는 점에서 조리 전 상태의 식재료를 포장해 배달해주는 상품인 '밀키트(Meal-Kit)'가 인기다.

그중에 '프레시지'는 '쫄면 삼합 레시피'로 화제가 됐던 메뉴를 밀키트로 만든 '우삼겹 치즈 쫄면'과 영화 '기생충'에 나온 채끝 짜장 라면에서 영감을 받은 '채끝짜파떡볶이' 등 SNS에서 화제가 된 메뉴를 집에서 직접 요리해 먹을 수 있는 분식 밀키트 상품들을 출시한 바 있다. 대형 외식업체는 물론 호텔과 지역 맛집 등 다양한 음식점의 레시피를 밀키트 상품으로 탄생시키면서 색다른 집밥, 외식에 고픈 1인 가구들의 입맛을 충족시켰다.

샐러드 정기 배송 서비스를 제공하는 '스윗밸런스'는 영양관리가 필요한 소비자들을 위해 '스윗밸런스 식단관리' 패키지를 선보

샐러드 정기배송 '스윗밸런스 식단관리'
출처: 스윗밸런스(sweetbalance) 홈페이지

였다. 2주, 4주, 집중관리 패키지로 구성해 개별 관리 시기나 강도에 맞춘 식단관리 서비스를 받아볼 수 있도록 했다. 1주에 2번 나눠 신선한 샐러드를 배송해주는 서비스가 특히 인기가 많다.

개성 있는 토핑과 수제 드레싱, 푸짐한 양으로 입소문을 타면서 서비스 지역을 점차 늘려가고 있다. 칼로리가 부담스럽지 않은 낮은 칼로리부터 든든한 포만감을 선사하는 든든한 중량의 샐러드까지 든든한 한 끼 식단으로 다양하게 구성되어 있다. 하루 2번 주문이 가능하고, 주문 후 4시간이면 도착한다는 점도 강점이다.

수제 반찬 '집 반찬 베스트'
출처: 집반찬연구소(zipbanchan) 홈페이지

'집반찬연구소'는 한식을 전문으로 한다. 주문이 들어오면 한식 전문가의 조리가 시작된다. 갓 만들어진 반찬은 배송 방법을 택해 당일 오후 8시 이내로 받을 수 있으며 늦어도 최대 다음날 안에 배송이 완료된다.

30년간 한식만을 전문으로 연구·개발해 마른 반찬부터 조림, 무침, 전, 볶음, 국, 찌개, 탕, 김치 등 익숙한 메뉴와 색다른 한식까지 다양하게 접할 수 있다. 부모님 세대를 위한 반찬, 어린이를 위한 반찬, 장기간 보관이 가능한 메뉴도 있다.

특히 국내 제철 식재료 사용을 목표로 하며 천

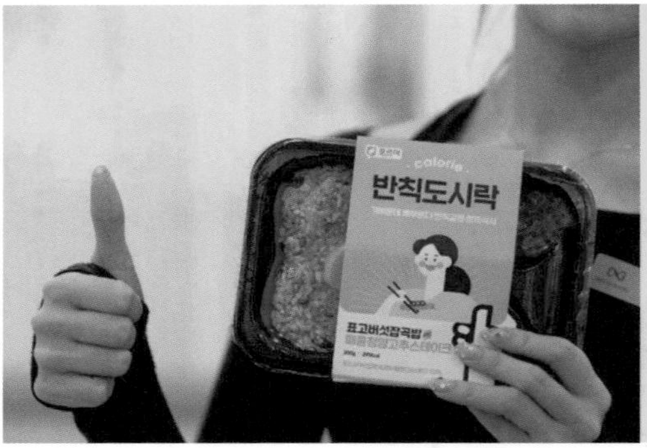

가벼운데 배부른 도시락 '반칙 도시락'
출처: 포르미(formefood) 홈페이지

연 조미료를 사용한다. 된장, 고추장, 고추가루는 물론 참기름, 들기름, 현미유까지 국내산을 사용할 뿐만 아니라 설탕과 밀가루는 유기농을 사용한다. 또한 천연재료를 활용해 육수를 우리는 등 건강한 조리방법으로 워킹맘 및 주부들에게 인기가 높다.

너무 맛있어서 반칙이라는 포르미의 '반칙 도시락'은 가벼운데 배부른 반칙 같은 한 끼 식사다. 건강한 재료와 맛까지 잡은 포르미의 '반칙 도시락'은 가성비는 물론 맛도 다양해 매일 먹어도 질리지 않고 낮은 칼로리로 부담 없이 즐기기 좋아 현대인들에게 큰 인기를 얻고 있다.

반칙도시락은 평균 289kcal의 낮은 열량을 자랑하면서도 든든한 한 끼를 선사하는 상품이다. 매콤데리야끼 닭가슴살, 커리&씨앗 닭가슴살, 참치소고기 스테이크, 매콤칠리 닭가슴살, 소시지&닭가슴살볼, 치즈인비프스테이크까지 총 6개의 메뉴로 구성되어 있다. 체중 관리를 하는 이들에겐 낮은 칼로리를 자랑하는 반칙 도시락으로 더욱 똑똑한 식단 관리를 할 수 있을 것이다.

브로콜리의 사촌쯤 되는 콜리플라워는 하얀 꽃망울처럼 보이는 채소로, '꽃양배추'라 불리기도 한다. 슈퍼 푸드 중 하나로 식이섬유가 많아 조금만 먹어도 포만감이 높고 장 속 노폐물을 제거하는 데도 좋다. 또 밥과 비슷한 식감 때문에 다이어트, 저탄고지 식단을 실천하는 이들에게 인기다.

콜리플라워 라이스는 단독으로 조리해 먹거나 현미, 백미와 같이 섞어 먹는 방법이 있는데 의외로 100% 콜리플라워 라이스를 거부감 없이 즐기는 이들이 많다. 가장 일반적인 조리법은 볶음밥으로 다양한 야채나 고기를 섞고 올리브유에 볶거나, 김치를 넣고 김치볶음밥으로 만들어 먹으면 된다. 그뿐만 아니라 김밥, 비빔밥, 오므라이스, 짜장밥, 카레라이스, 리조또 등 다양하게 응용이 가능하다. 그에 비해 한 끼에 60kcal 정도밖에 안 되는 저칼로리 식단이라 비만 관리에 정말 탁월하다.

채소 라이스 '컬리플라워 라이스'
출처: 독립생활연구소(mylivinglab) 홈페이지

집안일을 더 쉽게 하는
필수 앱 서비스

기존에 검색하고 부르던 번거로움이 터치 한 번으로 간단해지고
방문 기사의 사전 정보를 미리 알 수 있어서
여성들도 안심하고 맡길 수 있다는 것이 특징이다.

미소 – 생활에 필요한 모든 서비스
가사 도우미, 포장 이사, 이사 청소, 펫시팅 등의 서비스가 제공된다.

세탁특공대 – 새벽배송
지정한 주소를 기준으로 가장 빠른 수거 시간을 보여준다.

짐싸 – 이사 비용 비교부터 예약까지
이사 종류와 날짜, 시간, 출발지 및 도착지 입력 후 이사 견적을 받아볼 수 있다.

빼기 – 대형폐기물 수거, 중고매입 서비스
폐기물을 수거해달라고 요청하거나, 집 밖으로 내려달라고 요청할 수 있다.

주부 생활백서 – 집안일 노하우
세탁, 청소 같은 일반적인 살림법 외에도 요리 꿀팁을 얻을 수 있다.

편돌이 – 편의점 배달
편의점에서 판매하는 상품을 둘러보고 주문할 수 있다.

나우픽 – 24시간 마트 배달
대형마트에서 판매하는 상품을 언제든 둘러보고 구매할 수 있다.

김집사 – 다양한 생활 심부름을 신속하고 저렴하게
서울, 경기 성남/하남에 있는 일부 아파트에서 심부름 서비스를 이용할 수 있다.

도와줘 – 생활 심부름, 배달 대행
음식 배달, 편의점 배달, 물건 배달 등 배달 심부름을 이용할 수 있다.

묘미 – 라이프스타일 렌탈 플랫폼
가전부터 패션, 레저, 반려동물용품까지 일상생활에 필요한 렌탈 서비스가 제공된다.

자신의 입맛에 딱! 맞는 기호식품 구독서비스

전문가의 추천으로 오감 가득 기호품의 세계를 깊고 넓게 늘릴 수 있다.

전통주

술담화의 '담화박스'는 매월 새로운 전통주를 집으로 보내준다. (sooldamhwa.com)

막걸리

홈술닷컴의 '월간홈술'은 혼술하기에 딱 좋은 막걸리와 안주를 같이 선택할 수 있다. (homesool.com)

차(茶)

오설록의 '다다일상'은 차와 함께 집에서 만들어 먹을 수 있는 레시피, 관련 굿즈를 받을 수 있다. (osulloc.com)

커피

- 커피리브레의 '장복'은 매주 로스터가 직접 선정한 신선한 커피를 배달하는 주간 커피배송 서비스다. (coffeelibre.kr)
- 프릳츠의 '커피클럽'은 원두부터 콜드브루, 티백, 드립백까지 다양하게 선택할 수 있다. (fritz.co.kr)

빵

- '도제식빵 정기구독'은 갓 구운 쫄깃하고 밀도 높은 생식빵을 원하는 요일에 받을 수 있다. (dojebakery.com)
- '여섯시 오븐 베이커리 정기구독'은 천연효모종을 만든 건강하고 맛있는 발효빵을 매주 수요일마다 받을 수 있다. (lotte-elstyle.com/brand/new_main.asp?bn=20)
- '더브레드블루 정기배송'는 칼로리와 영양성분까지 고려한 비건 베이커리 정기구독 서비스다. (thebreadblue.com)

간식

'스낵24'는 일용할 간식이 가득한 3층짜리 간식수납박스를 정기구독할 수 있다. (smartstore.naver.com/snack24)

새로운 경험이자 새로운 취미생활

세계의 주력 소비 계층이 밀레니얼(M) 세대와 Z세대(1980년대 초반~2000년대 초반에 태어난 세대)로 바뀌고 있다. 이미 세계 인구의 절반 이상이 MZ세대다. MZ세대는 가치관, 사고방식, 생활 방식에서 기성세대와 매우 다르다. 이들은 경제적으로 풍요로운 환경에서 태어난 세대로서 일과 삶의 균형을 추구한다. 한마디로 여가를 중시하고 행복과 자기만족에 큰 무게를 둔다.

최근 이들에게는 자신의 취미를 혼자 즐기는 것을 넘어 SNS로 공유하며 하나의 놀이문화로 함께 즐기는 모습을 쉽게 찾아볼 수 있다. 이러한 변화는 자신만의 행복과 취향을 위해 적극적으로 소비하는 MZ세대의 특징이기도 하다.

또한 오래 한 우물을 파는 취미 활동보다는 저렴한 일회성 체험을 다양하게 즐기는 추세다. 이런 활동들은 경제적 부담이 덜한 데다 이것저것 해볼 수 있어 좋다.

이러한 추세에 맞게 이번에는 주머니가 가벼우면서 알차게 보내는 방법의 상품과 서비스를 소개하고자 한다. 최근 변화하고 있는 여가 문화의 키워드를 살펴보면서 저렴하게 경험할 수 있고 참가자들은 실비 정도만 내고 자신이 가진 기술과 유용한 정보를 다른 이들과 공유해 함께 즐길 수 있는 취미와 프로그램을 만들어보면 어떨까?

취향대로
즐기는 체험

'플로깅(Plogging)'은 '달리면서 쓰레기를 줍는다'는 뜻으로 스웨덴어 'Plocka upp(쓰레기를 줍는다)'와 영어 'Jogging(달리다)'이 합쳐져서 만들어진 말이다. 스웨덴에서

쓰레기는 줄이고 건강은 챙기는 '플로깅'
출처: 클린하이커스(clean_hikers) 인스타그램

처음 시작해 전 세계적으로 확산된 플로깅은 단순한 달리기 이외에 다양한 동작이 포함되어 있다. 열량 소모량이 많아 건강에 도움이 되며 자연환경 개선에도 이바지할 수 있다.

'클린하이커스'는 매달 새로운 사람들을 모집해 클린하이킹 캠페인을 연다. 1회 이상 참여한 사람들은 클린하이커스와 함께 산으로 쓰레기를 줍는 여행을 떠난다. 그곳에서 주운 쓰레기를 분리해 다양한 형상을 만들어 '쓰레기를 버리지 맙시다'라는 강력하고 인상적인 메시지를 전하기도 한다. 무엇보다 비용 부담이 없으며 남녀노소 누구나 참여할 수 있다. 야외에서 진행됨에 따라 대면 접촉을 최소화할 수 있다는 장점도 있으니 1인 가구들에게 함께 즐길 수 있는 건강한 취미 생활로 추천하고 싶다.

DIY는 'Do It Yourself'의 첫 글자를 딴 영문 약자로, 소비자가 자신이 원하는 물건을 손쉽게 직접 만들 수 있도록 반제품으로 구성된 상품을 이르는 말이다. DIY 소비는 3D 프린터와 같은 첨단 기술의 보급이 확대되면서 아마추어 소비자도 스스로 생산하고, 소비하는 프로세스에 참여하고 있다. DIY의 요소를 포함한 상품 서비스는 보다 다양한 방향으로 전개되고 있다.

'배상면주가 막걸리 DIY킷'은 몇 년 전 출시됐을 당시 반응이 뜨겁지 않았다. 하지만 유명 예능 프로그램에서 연예인이 집에서 직접 막걸리를 만드는 모습이 방송된 이후 막걸리키트 주문이 급증했다. 또 홈술족이 늘어나면서 집에서 재미있게 할 수 있는 일종의 '체험활동'으로 막걸리키트에 대한 관심이 높아졌다. 그뿐만 아니

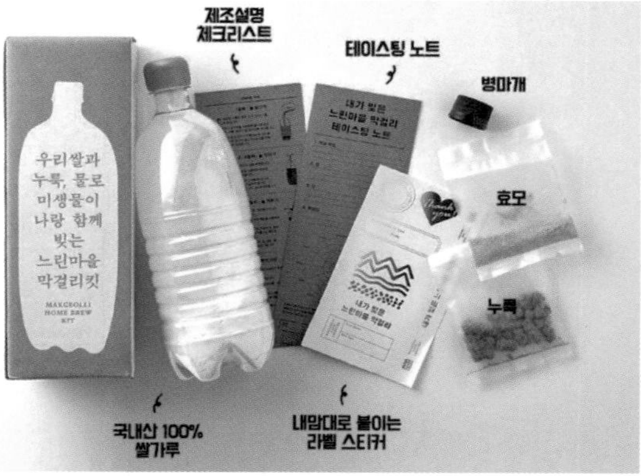

직접 만드는 느린마을 막걸리 '배상면주가 DIY킷'
출처: 독립생활연구소(mylivinglab) 홈페이지

라 대학생들에게는 저렴한 가격으로 보다 많은 양의 술을 마실 수 있고 농도를 조절해 먹을 수 있다는 점에서 인기를 끌고 있다.

집에서도 쉽게 즐길 수 있는 동시에 정서적인 안정을 느낄 수 있는 취미 키트가 집콕 인기 아이템으로 떠오르며 개별 구매는 물론 선물용으로도 각광받고 있다.

'하비인더박스'는 취미를 배달한다. 수채화 컬러링북, 미니어처, 페이퍼토이, 아크릴 무드등, 캘리그라피, 가죽공예, 우드카빙 등 개인의 취향에 맞는 취미 생활을 만끽할 수 있는 키트부터 비누, 손소독제, 수세미, 립밤 만들기 등 실생활에 밀접한 키트, 직업체험, 홈 미술, 과자집 만들기 등 다채로운 취미 키트를 판매한다.

1인분 취미 배송 '하비인더박스'
출처: 하비인더박스(hobbyinthebox) 홈페이지

글쓰기-대화 '다이빙클럽'
출처: 라이프쉐어(lifeshare) 홈페이지

나는 '나' 자신에 대해 얼마나 알까? '라이프쉐어'는 인생 질문과 대화를 통해 '나'를 더욱 알아갈 수 있는 곳이다. 다수의 사람과 인생 토론을 하면서 나를 조명하고, 대화 카드를 통해 내가 몰랐던 나의 모습을 찾고, 문답 노트에 글을 써 내려가면서 나에게 말을 건네며 자신의 내면과 마주한다.

'라이프쉐어'만의 가장 큰 특징은 참가자들이 자신의 내면으로 자연스럽게 다이빙을 할 수 있도록 만든 프로그램인 '다이빙클럽'이다. '라이프쉐어'의 대부분의 모임은 오프라인을 중심으로 하고 있지만 다이빙클럽의 '글쓰기-대화'는 랜선모임과 병행하고 있다. 바쁜 일상에서 잠시 'off'하고 나의 마음을 챙기는 시간을 만들고 싶거나 삶의 주요한 주제를 상대와 교감하면서 나 자신을 객관적으로 정리해보고 안전하게 대화할 수 있는 모임을 원하는 사람들에게 '라이프쉐어'는 삶의 작은 안식처가 될 수 있을 것이다.

온라인으로
즐기는 체험

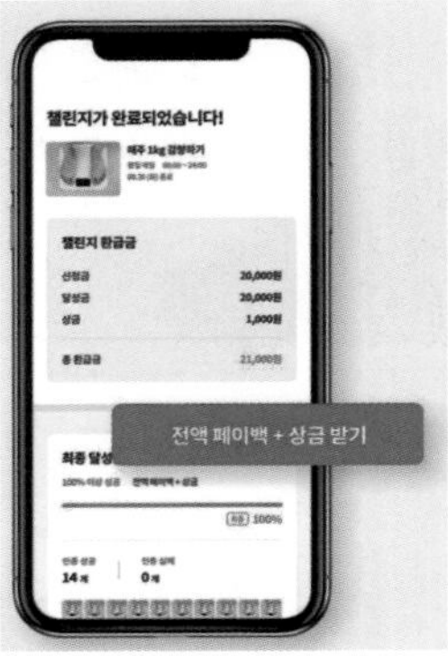

목표 달성 프로젝트 '챌린저스'
출처: 챌린저스(chlngers) 홈페이지

'챌린저스'는 개인의 목표 달성을 돕고자 만들어진 앱이다. 특히 원하는 목표에 돈을 걸게 해 강력한 동기부여를 주고 사용자들의 경쟁과 금전 획득 기회를 주면서 참가율을 높이고 있다. 챌린저스 앱에서 원하는 챌린지를 선택한 후 원하는 만큼 참가비를 결제한 뒤 도전을 시작하면 된다. 꾸준함이 필요한 과제인 금주, 금연, 매일 헬스장 가기 등 달성하고자 하는 목표에 이용자 스스로 돈을 건 후 실패하면 차감을, 성공하면 100% 환급에 상금까지 추가로 획득할 수 있는 방식으로 목표 달성을 독려한다. 이 앱은 동기부여와 경쟁을 통해 개인의 건강한 라이프스타일을 돕도록 설계된 것이 특징이다.

온라인 체험 '양과 함께하는 명상'
출처: 에어비앤비(airbnb) 홈페이지

에어비앤비는 최근 랜선으로 여행자와 호스트를 연결하는 온라인 체험에 집중하고 있다. 올해 여행을 포기한 전 세계 여행자들에게 낯선 곳의 문화를 집에서 안전하게 경험할 수 있게 해주고, 에어비앤비 호스트에게는 떨어진 수입을 보완해주겠다는 취지다.

에어비앤비는 호스트에게 줌 무료 이용권을 제공하고, 온라인 콘텐츠 기획과 녹화를 도와주는 등 맞춤형 서비스를 지원한다. 온라인 체험은 '전통음식 쿠킹클래스', '세계 최고의 커피 마스터 클래스'부터 '영국 스털링 지역 양과 함께하는 명상 체험'이나 '중세 흑사병 의사와 함께 떠나는 프라하 탐방' 등까지 그 지역으로 여행을 떠난 듯한 기분을 한껏 즐길 수 있다.

집콕 취미를 찾는 이들이 늘고 있는 추세에 따라 온라인 취미 클래스도 빠르게 성장하고 있다. '클래스101'은 취미 생활에 필요한

준비물까지 챙겨주는 온라인 클래스 '클래스101'
출처: 클래스101(class101) 홈페이지

힙한 뉴스레터 구독 '뉴닉'
출처: 뉴닉(newneek) 홈페이지

준비물까지 챙겨주는 온라인 강의 플랫폼이다. 건축가에게 배우는 펜드로잉 입문, 영화같은 브이로그 제작법, 향수 제조, 온라인 마켓으로 부수익 창출하는 법, AI 자동 투자 프로그램 만들기 등 취미부터 재테크까지 광범위한 클래스를 보유하고 있다.

해당 분야에서 유명한 셀러브리티가 운영하는 클래스를 들을 수 있다는 점이 다른 취미 앱과 가장 큰 차이인데, '클래스101 시그니처 플러스'를 구독하면 코드 쿤스트의 프로듀싱 클래스, 팔로알토의 랩 클래스, 표창원의 프로파일링 클래스, 박준우의 홈 파티 요리 클래스, 최현우의 마술 클래스를 무제한으로 시청할 수 있다.

'뉴닉'은 뉴스에 목마른 밀레니얼 세대를 타깃으로 한 친근한 화법이 특징인 뉴스레터 서비스다. 중요하다고 생각하는 뉴스를 5분 안에 읽을 수 있는 콘텐츠로 만들어 밀레니얼 세대가 지금 이 순간 궁금한 세상의 소식을 일주일에 3번씩 구독자들의 메일함에 보내준다.

뉴닉의 인기 비결은 쉽게 정리된 뉴스에 있다. 캐릭터 '고슴이'가 뉴스 내용을 설명해주는 식인데 톡톡 튀는 어휘 선택과 신조어 활용으로 호응을 얻고 있다. 예를 들어 청와대 하명수사 의혹을 정리한 기사는 인기 시사 프로그램인 〈그것이 알고 싶다〉를 패러디한 '고슴이 알고 싶다'로 풀어냈다.

1인을 위한 분산 오피스 '집무실'
출처: 집무실(jibmusil) 홈페이지

공간
체험

코로나19로 인해 재택이 늘면서 최근 유튜브에는 집을 사무실로 꾸미는 방법을 설명한 홈피스(홈+오피스) 영상이 인기다. 하루 종일 일하는 장면을 촬영하거나, 홈피스 물품을 세세하게 설명하는 영상이 많다.

한편으로는 재택근무 기간이 길어져 업무효율 저하로 인해 업무와 주거 공간의 분리를 호소하는 사람들이 늘고 있다. 집 근처 사무실을 표방한 '집무실'은 회원제로 운영되는 공유 오피스다. 언뜻 보면 칸막이 좌석이 빽빽이 들어찬 독서실 같기도 하고, 조용한 음악이 흘러나오는 카페나 사무실을 떠올리게 한다. 방역과 더불어 사방이 막힌 '집중형', 좌석 형태부터 시야가 트여있는 '개방형', 적당히 외부 시선을 차단하면서 집중할 수 있는 '감성형' 중에서 이용자가 선택할 수 있도록 했다. 따로 회의실과 휴게 공간도 갖추고 있다. 카페를 전전하거나 마땅히 일할 공간이 없어 고민했던 이들에게 집중력을 불어넣는 공간이다.

더 프라이빗하게 '남의집 홈오피스'
출처: 남의집(naamezip) 홈페이지

'남의집 홈오피스'는 에어비앤비처럼 사무실을 공유하는 서비스로 남의 집 거실이나 안방으로 출근하는 개념이다. 기존 공유 오피스와 다른 점은 호스트가 본인 집이나 작업실 등을 여러 사람이 일할 수 있는 장소로 내놓는 것으로, 보다 개인화한 공유 오피스다.

한옥, 빌라, 갤러리, 작업실 등 호스트의 취향과 개성이 담긴 공간에 찾아가 짧은 여행을 떠나는 기분으로 일할 수 있다. 매일같이 한 자리에서 일하는 게 답답하거나 혼자 일하는 데 외롭고 지쳤다면 남의 집에 방문해 일해보는 게 어떨까?

수집이 취미

어느 순간부터인지, 한정판 제작 판매라는 소식이 들리면 줄을 서서라도 가지려는 진풍경이 낯설지 않게 되었다. 초기 수집 아이템이 주로 고가의 고미술품과 유물 등이다 보니 부유층 등 일부에 머물렀다. 그러나 이제는 세대를 뛰어넘어 수집광들도 많아졌다. 어른들이 아이들 감성으로 키덜트(Kidult)가 되어 피규어를 수집하고, MZ세대들은 커피전문점 등이 출시하는 '굿즈(Goods)' 수집에 열을 올린다. 이전 수집 아이템에 비해 실생활과 밀접한 아이템이나 특이한 물건 수집이 특징이다. 한정판 운동화를 득템이라도 하면 소장의 기쁨은 남다르다. 최근에는 소장보다 되팔아(리셀) 남기는 이득을 취하는 이들도 생겨나고 전문적인 리셀러까지 등장하고 있다.

희소하고 희귀한 물건의 수집은 여전히 관심 사항이다. 이런 트렌드에 맞춰 수집과 관련된 사업 아이템을 떠올려보는 것도 좋을 것 같다.

코카-콜라의 한정판 '코-크 시티 패키지'는 국내 6개 도시를 담은 디자인으로 소장 욕구를 제대로 자극하고 있다. 국내 6개 도시(서울, 양양, 제주, 부산, 광주, 경주)를 대표하는 랜드마크와 MZ세대가 즐겨 찾는 힙플레이스로 꼽히는 남산타워와 을지로 골목(서울), 낙산사와 죽도해변거리(양양), 돌하르방과 제주 동문시장(제주도), 광안대교와 해운대 포차 거리(부산), 무등산과 1913송정역시장(광주), 첨성대와 황리단길(경주)를 담았다. 특히 도시의 정수를 느낄 수 있는 골목에 주목해 감각적인 디자인으로 구현됐다. 도시의 진짜 매력을 경험하며 반복되는 일상 속 소소한 순간들의 소중함을 발견할 수 있다.

코-크 시티 패키지(왼쪽부터 서울, 양양, 제주, 부산, 광주, 경주)
출처: 코카-콜라 저니(coca-colajourney) 홈페이지

내몸애착
퍼스널 헬스케어 상품

1인 가구의 건강에 관한 기존 연구들에서는 1인 가구의 높은 질병 유병율, 정신건강 위험 및 어려움, 영양 섭취에서의 불균형, 의료적 사회적 지원 부족에 따른 문제 등을 공통적으로 지적하고 있다. 1인 가구는 만성질환율, 외래진료횟수, 입원율 등 신체 질병 유병율에 있어 다인 가구보다 높은 수준을 보였으며 특히 우울이나 외로움, 자살사고 등과 같은 정신건강 측면에서 다인 가구보다 부정적인 상태를 보이는 것으로 나타났다.

또한 사회적 지지가 낮아 외로움과 고립감에 시달리며, 질병에 노출되었을 때 활용할 자원이 부족해 적절한 의료 및 보건적 대처가 이루어지지 않는 것으로 나타났다. 이렇듯 1인 가구의 건강 취약성은 식생활, 운동, 건강 습관, 사회적 지지 등 전반에서 나타나자가 건강관리의 중요성이 대두되고 있다.

1인 가구 생활이 오래될수록 건강관리에 힘써야 한다. 다음 소개되는 자가관리 상품과 서비스는 1인 가구가 스스로 계획을 세워 규칙적인 생활 습관을 유지하고 다양한 통로를 통해 커뮤니티에 가입해 소통할 수 있도록 돕고 있다. 이러한 특성을 바탕으로 실내외 구애 없이 이용할 수 있는 개인별 맞춤 자가관리 상품들이 더 개발될 수 있기를 바란다.

뭉친 근육, 자가관리

바쁜 일상을 살아가는 현대인에 있어 근육 피로는 골칫덩어리다. 장시간 서서 일하는 사람들은 물론 책상에서 오랜 시간 모니터를 바라보며 일하는 사람들도 몸에 쌓인 피로 때문에 고생이 많다. 장시간 같은 자세로 일하게 되면 자연스럽게 몸이 굳게 되고 목과 어깨에 근육이 잔뜩 뭉치게 된다. 이러한 상태로 잠을 자도 오히려 피로가 사라지지 않는 경우가 많다.

건강해지기 위해 운동을 하지만 운동하면 할수록 쌓이는 피로와 어깨 뭉친 근육 때문에 금세 포기하곤 한다. 분명히 휴식을 취해도 피로가 풀리지 않고, 어깨 목 부근이 뻐근하고 무겁다면 현대인의 질병, 만성 피로일 확률이 높다. 이때 뭉친 근육을 소홀히 하거나 방치하면 만성 통증이 될 수 있기 때문에 주의해야 한다. 통증이 전신으로 확산되면 수면장애, 피로, 짜증, 전신 쇠약, 의욕감퇴, 우울증까지 나타날 수 있다. 마사지를 받으면 활력이 되살아날 것 같은데 비용도 부담스럽다. 이럴 때 마사지기 하나 있으면 뭉친 근육을 시원하게 풀어줄 수 있다.

마사지건은 강력한 진동으로 뭉친 근육을 풀어줄 수 있는 기기다. 다른 마사지기와 달리 근육이 뭉치는 지점에 정확하게 진동을 가할 수 있어서 집중적인 피로 회복, 근육 뭉침 해소에 효과적이다. '피닉스'는 3단계에 걸쳐 다양한 마사지 효과를 경험할 수 있고, 4가지 헤드를 신체 부위에 따라 교체해 사용할 수 있다.

'스트릭 미세전류 마사지기'는 통증의 원인인 트리거 포인트를 제거한다. 트리거 포인트란 통증 부위를 만져보면 확인할 수 있는 딱딱하게 뭉친 근육을 말한다. 국내에 판매되고 있는 마사지 기기들은 통증 해소가 일시적인데 비해 스트릭은 근본적인 문제를 해결하는 데 효과적인 기능을 가진

마사지건 '피닉스 A2'
출처: 피닉스(PHOENIX) 홈페이지

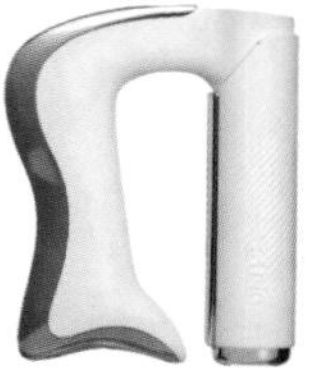

손상된 근육 관리 '스트릭 미세전류 마사지기'
출처: 스트릭(strig) 홈페이지

손목 운동기구 '윈마이 자이로볼'
출처: 스마트아이(smarti) 홈페이지

상품으로 전문적인 치료를 원하는 사람들이 많이 찾는다. 특히 운동선수들이 받는다는 IASTM(물리치료) 기반으로 현대적인 기술인 미세전류와 미세전동을 접목해 근막을 풀어준다. 또한 마찰열을 발생시켜 마사지하는 부위의 온도를 높인다. 총 150초 동안 발생하는 열로 세포가 더 빠른 속도로 스스로 회복한다.

일반적으로 우리는 손목에 문제가 생기면 파스를 붙이거나 스트레칭 등을 해결책으로 떠올린다. 물론 가장 무난하고 언제든지 할 수 있어 흔히들 추천되지만 손목 주변의 근육도 결국 똑같은 근육이므로, 기능적인 강화도 분명히 해주어야 한다.

'윈마이 자이로볼'은 손목을 자주 사용하는 사람들에게 발생하는 '손목 터널 증후군'의 완화 및 예방이 가능하며 손목과 팔 전체 근육을 단련시키고 재활치료 목적으로도 사용이 가능한 상품이다. 손안에 쏙 들어오는 크기의 볼을 잡고 손목을 회전하면서 스트레칭을 할 수 있다. 또한 움직이는 속도에 따라 라이트가 다채로운 색상으로 화려하게 반짝이며 가장 빠른 속도에서는 푸른 빛을 내며 돌아가 운동 시 재미를 느낄 수 있다.

몸속 문제,
자가 예방

단순히 오래 사는 것이 아닌 건강하게 오래 사는 것이 중요한 시대가 되었다. 즉 기대수명이 아닌

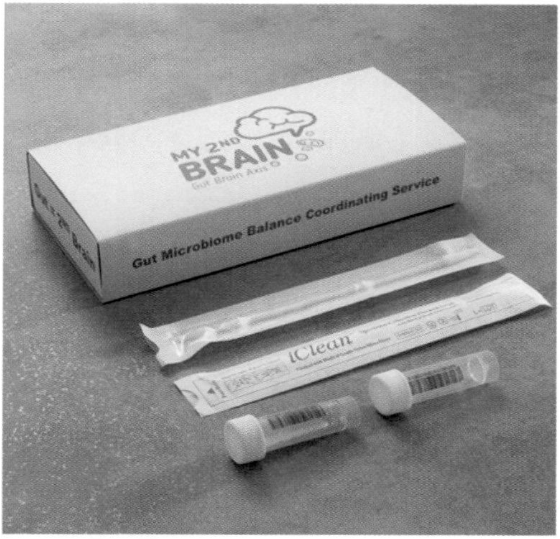

개인맞춤형 '장내미생물 검사키트'
출처: 독립생활연구소(mylivinglab) 홈페이지

건강수명을 늘리는 것이 추구할 방향이 된 것이다. 최근에는 건강을 높이기 위한 역량을 강조하는 건강증진이라는 개념이 함께 적용되고 있는데 건강한 상태를 넘어 개인이나 집단이 건강 욕구를 실현하고 건강을 저해하는 환경을 변화, 통제할 수 있는 역량의 강화라는 개념을 포함한다. 이러한 관점의 변화는 건강의 개념과 범위뿐만 아니라 원인과 대책까지도 과거의 치료중심이 아닌 건강 예방과 관리를 포함한 넓은 관점에서 바라볼 것을 요구하고 있다.

장내미생물 분석 서비스란 소비자가 직접 검사키트를 구입한 후 검사를 의뢰해 장 건강 정보를 확인하는 것이다. 병원에 직접 찾아가지 않아도 집에서도 간편하게 검사를 진행할 뿐 아니라 추후 식습관 교정·유산균 섭취 등으로 개선된 장 상태를 비교·분석

할 수 있어 유용하다.

진원온원의 '장내미생물 검사키트'는 내 장의 상태와 장내미생물 분포에 대해 파악하고 싶은 사람들과 장기간 프로바이오틱스 복용에도 만족스러운 효과를 보지 못한 사람에게 필요한 상품이다. 키트의 설명서대로 진행하고 적혀 있는 주소로 반송하면 2주 동안 연구소에서 정밀한 데이터 분석과 뇌인지 검사를 거친 후 어떤 종류의 미생물이 어느 정도의 분포로 살고 있는지 검사 결과지를 메일로 받아 볼 수 있다. 해당 결과지를 토대로 나의 장내 미생물 상태와 나에게 맞는 프로바이오틱스 추천 상품을 제공한다.

흔히 면역력이 떨어지면 질병에 노출되기 쉽지만 눈에 보이지 않아 확인하는 것이 쉽지 않다. 감기가 쉽게 낫지 않거나 구내염, 아토피, 다크서클 등이 생겼을 경우 면역력이 저하됐다는 것을 체감할 뿐이다. 면역력을 눈으로 확인할 수 없기 때문에 지금까지는 면역력 적정을 확인하기 어려웠지만 프로테옴텍의 '이뮨첵 IgG'를 통해서 혈액 한 방울로 집에서 간편하게 면역력을 체크할 수 있다.

프로테옴텍의 '이뮨첵 lgG'는 전혈, 혈청, 혈장을 이용해 lgG 항체 농도를 측정하는 래피드 테스트 키트다. 랜싯을 이용해 최소 샘

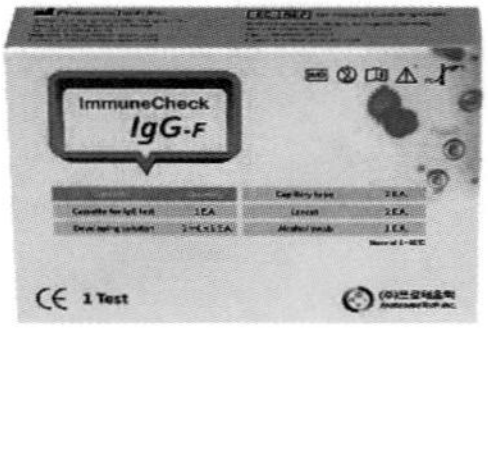

면역력 진단키트 '이뮨첵 lgG'
출처: 메디테라(meditera) 홈페이지

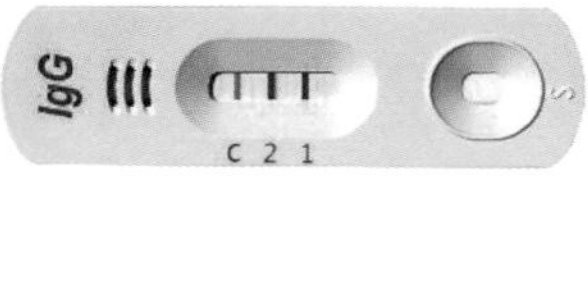

플을 채집하기 때문에 채혈이 어려운 유소아에게도 유용하게 사용할 수 있다. 고가 장비 없이 육안으로 결과 판정판을 이용해 면역력을 진단할 수 있어 고령자들도 가정에서 손쉽게 이용 가능하다. 또한 용액 투여 후 20분이면 건강 상태의 결과를 빠르게 파악할 수 있다.

최근 마스크 사용의 일상화로 입 냄새를 걱정하는 사람이 늘고 있다. 입속에는 장 다음으로 많은 700여 종, 100억 마리 이상의 세균이 산다. 이들은 유익균과 유해균으로 나뉘어 균형을 이루며 살고 있는데, 균형이 깨져 유해균이 증식하면 입 냄새뿐만 아니라 충치 치주질환 등 구강 질환의 원인이 된다.

구강 유산균은 입속 세균을 모두 씻어내는 구강 청결제와 달리, 입속 건강에 필요한 유익균을 공급하고 유해균은 억제해 입 냄새

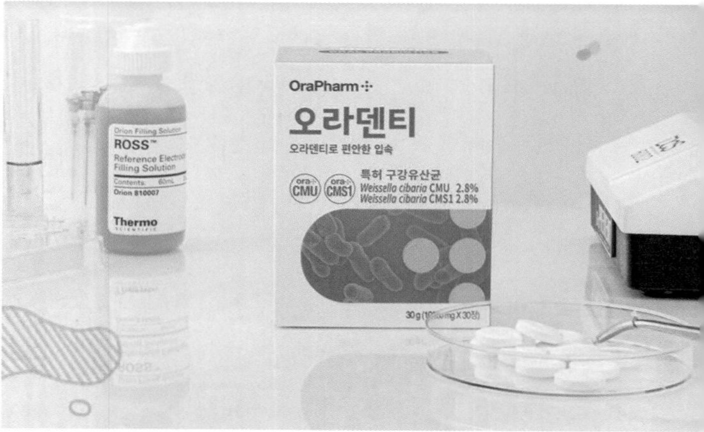

냄새, 입속 질병 '구강 유산균 오라덴티'
출처: 오라팜(orapharm) 홈페이지

를 근본적으로 해결하는 역할을 한다. '오라덴티'는 입안의 유해균을 억제하고 유익균을 증식시켜 구강 건강을 지켜주는 구강 전문 유산균이다. 유해균이 증식하기 쉬운 잇몸병 환자, 치아교정, 임플란트, 틀니 사용자에게 특히 효과적이다.

수면장애,
자가 개선

수면 부족은 1인 가구가 겪는 흔한 고민거리다. 자취생활을 오래 하다 보면 목과 허리가 많이 불편한 것을 경험한다. 원룸에 구비된 매트리스마다 상태가 좋지 않고 컨디션이 다르다 보니 목이 불편해지고 턱관절까지 나빠지게 된다. 가족 없이 홀로 생활하는 만큼 불규칙한 수면 패턴, 수면 부족은 나홀로 세대가 겪는 흔한 고민거리다. 깊은 잠에 들지 못하는 경우, 수면 시간이 일정하지 않은 경우, 수면 중 자주 깨는 경우, 불면증에 시달리는 경우 등 대표적이다. 이러한 문제를 해결하고 싶어 하는 소비자들이 늘어나면서 수면을 돕는 용품들이 인기다.

보스의 '슬립버드 2'는 코 고는 소리, 층간 소음, 그리고 차 소리 등의 청각적 소음을 차단해 바쁜 일상 속에서 집중을 높여주고 마음을 안정시켜줄 뿐만 아니라, 최상의 수면을 위해 정신적 산만함을 줄여주는 상품이다. 일반적인 노이즈 캔슬링 헤드폰이나 이어폰이 아닌 모든 세부 기능이 숙면에 최적화되어 있다. 또한 3가지 사이즈의 이어텁은 소재와 모양, 디자인이 일반 이어폰과 다르게 제작되어 밤새 평화롭고 고통 없이 숙면할 수 있게 한다.

핏빗의 '센스'는 세계 최초로 스마트워치용 EDA(피부 전기 활동) 센서를 적용해 스트레스 관리에 도움을 준다. EDA 스캔 앱을 실행하고 기기 표면에 손바닥을 올려놓으면, 피부 습도의 미세한 전기적 변화가 감지되어 스트레스 요인에 대한 신체 반응을 이해할 수 있다.

핏빗 센스 스마트워치의 '스트레스 관리 점수' 기능은 심박수, 수면, 활동 수준 등의 데이터를 바탕으로 스트레스에 따른 신체적 변화를 측정해 사용자가 스트레스를 잘 관리할 수 있도록 도와준다. 이외에도 센스에는 내장 GPS, 다양한 운동 모드, 스마트트랙(SmartTrack) 자동운동 모니터링, 심장 강화 피트니스 레벨 및 점수 등 핏빗의 스마트 워치에 탑재된 핵심 기능들이 모두 들어있다. 여기에 대용량 배터리를 갖춰 1회 충전으로 6일 이상 사용할 수도 있다.

'GLO 수면마스크'는 빨리 수면을 취하는 데 도움이 된다. 명상의 원리로 만들어진 마스크는 어두워지는 포인트를 보고 느긋하게 숨을 쉬면 생각과 걱정이 사라진다. 수면에 도움이 되는 표시등은 빨간색 또는 파란색을 선택할 수 있다. 가장 편안하게 느끼는 색상을 선택하고 마스크를 쓰고 어두운 패널 속 빛에 30초만 집중하기만 하면 금세 편안하고 나른해진다.

텐마인즈의 '모션필로우'는 수면 기반 과학을 사용해 코골이를

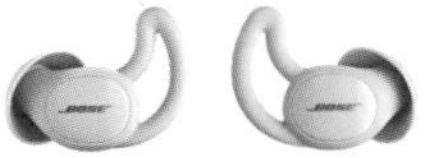

수면 유도 이어폰 '슬립버드 2'
출처: 보스(bose) 홈페이지

스트레스 관리도 해주는 '핏빗 센스 스마트워치'
출처: 핏빗(fitbit) 홈페이지

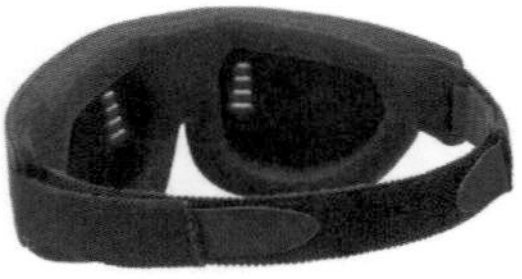

자연스러운 숙면을 돕는 'GLO 수면마스크'
출처: 사운드오아시스(soundoasis) 홈페이지

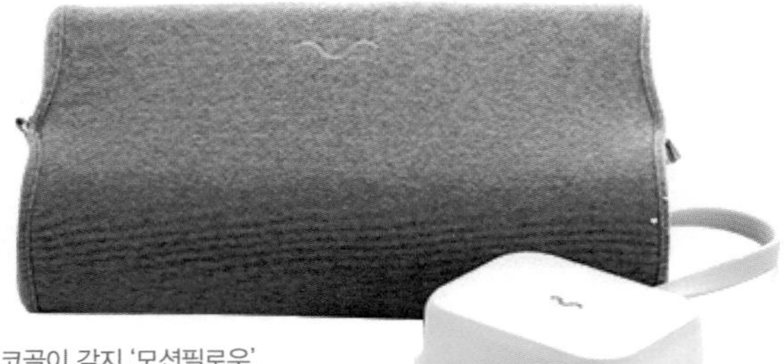

코골이 감지 '모션필로우'
출처: 텐마인즈(motionpillow) 홈페이지

덜어주는 상품이다. 자는 동안 소음을 음향 센서를 통해 수집하고 내장된 알고리즘을 통해 사용자의 코골이 여부를 판단한다. 사용자의 코골이가 감지되면 사용자가 느끼지 못할 정도로 미세하게 공기를 주입해 베개 속 에어백을 부풀려 사용자의 머리를 움직여 자연스러운 뒤척임을 유발한다. 높이 조정에 따라 코를 통한 공기 흐름이 개선되어 코골이가 일시적으로 멈추거나 줄어드는 방식이다.

심신 안정,
자가 치유

건강보험공단의 통계치를 보면 2014년에 수면장애를 겪은 사람들은 약 41만 5,000명으로 추산된다. 이는 5년 사이 57%가 늘어난 것으로, 이 중 20~30대 환자의 증가폭이 가장 컸다. 그만큼 지금의 젊은 세대는 숙면을 취하는 데 어려움을 겪고 있고, ASMR(청각을 자극하는 신조어)은 이런 문제에 대한 하나의 해결책으로 선택됐다.

ASMR은 자신이 이미 들었던, 기분 좋은 기억이 담겨 있는 소리를 들으며 잠을 자는 것이라 할 수 있다. 해외에서는 ASMR에 대해 "현대사회가 점점 비물질화되면서 인터넷 이용자들이 신체에 감각을 다시 경험할 방법을 찾고 있다"라는 견해도 있다. 1인 가구가 점점 늘어나는 시대에 ASMR이 혼자 있는 동안 다른 사람들과의 친밀하고 신체적인 관계를 느낄 수 있는 방법이라는 것이다.

수면유도 관련 영상 '브레이너 제이의 숙면여행'
출처: youtube.com/c/BrainerJay

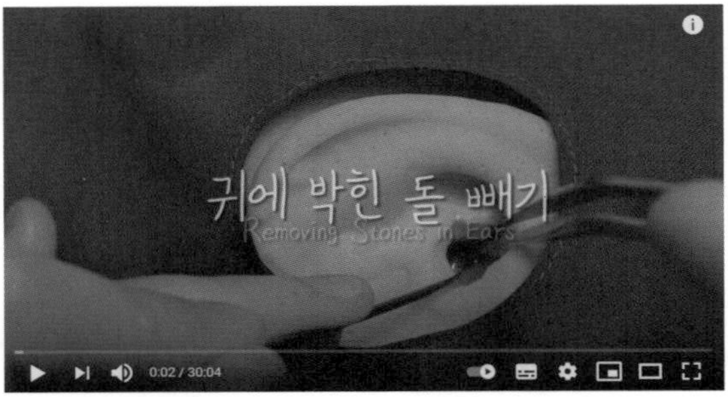

귀르가즘 'rappeler하쁠리'
출처: youtube.com/c/ASMRrappeler20

세계 각지의 소리 듣기 'Nomadic Ambience'
출처: youtube.com/c/NomadicAmbience

유튜버 '브레이너 제이의 숙면여행'이 네티즌들 사이에서 각광받고 있다. 이 채널은 15분 수면부터 9시간 수면까지 다양한 수면 상황에서 잠들 수 있는 수면 유도 영상들이 가득 들어 있어 알차다. 잠을 깨우는 알람 소리도 영상 속에 들어 있어 유튜브 영상을 계속 틀어 놓고 자면 기상까지 책임져준다. 시간별 명상, 하늘이나 바다를 상상하며 잠들 수 있는 명상 영상 외에도 다양한 이유로 잠들지 못하는 사람들에게 많은 도움을 주고 있다.

'rappeler하쁠리'는 조곤조곤한 목소리에 톡톡 튀는 아이디어로 많은 사랑을 받는 유명 유튜버다. 직접 만든 팝업북, 여러 롤 플레이 및 제작 소품 등 다양한 ASMR 콘텐츠를 즐길 수 있다. 또한 하쁠리 본 채널뿐만 아니라 하쁠리 대충 ASMR 및 브이로그 채널 등 3개의 채널을 보유하고 있어 본 채널에서 볼 수 없는 비하인드 스토리 등을 볼 수 있다.

'노마딕 앰비언스(Nomadic Ambience)' 채널은 비 내리는 워싱턴 D.C.를 비롯해 뉴욕, 멕시코, 아이슬란드, 상하이 등 세계 각국의 도시를 걸어 다니며 채집한 섬세한 ASMR를 4K 영상과 함께 감상할 수 있다. 도시의 소음부터 빗속의 숲길, 잔잔하고 반복적인 소리는 자율신경계에 영향을 미쳐 명상에 빠진 것처럼 마음을 평화로운 상태로 인도한다. 15분부터 장장 10시간에 이르는 세계 각지의 백색소음은 당장이라도 낯선 타국이 눈앞에 펼쳐지는 듯한 마법을 선사한다.

건강 앱 &
구독 서비스

집에서 혼자 지속적으로 즐겁고 신나게
건강을 챙길 수 있는 콘텐츠를 소개한다.

나의 물 – 건강 관리는 물 마시는 습관부터
나의 물 앱에 키와 몸무게를 입력하면 1일 권장 섭취량을 계산해준다.

캄(CALM) **– 명상 및 굿나잇 스토리**
명상 초보 및 '굿나잇 스토리' 등 다양한 프로그램을 수강할 수 있다.

라이크핏 – 인공지능으로 하루 10분 홈트
인공지능 코치 동작을 따라하기 때문에 잘못된 자세로 다치는 일을 방지할 수 있다.

슬립사이클 – 수면 패턴 추적서비스
얼마나 자주 깨고, 얼마나 깊은 잠을 자는지 기록한다.

리트니스 – w2.thelitness.com
리트니스의 원격 홈트레닝 서비스는 트레이너와 영상 통화를 하며 실시간으로 개인별 피드백을 주기 때문에 비교적 정확한 자세로 운동을 할 수 있다.

사운드짐 – soundgym.kr
운동 경력이 어느 정도 있고 화면을 보면서 운동에 집중하는 데 어려움을 느낀다면 오디오 피트니스 플랫폼 사운드짐을 추천한다.

홈핏 – homefit.co.kr
홈핏은 트레이너를 집으로 불러 운동할 수 있는 서비스로 전국에서 검증된 트레이너와 회원을 연결해 주 1회 개인에게 최적화된 맞춤형 운동 프로그램을 제공한다.

친환경
제로 웨이스트 상품

배달 음식으로 인해 넘쳐나는 일회용품, 한 번 쓰고 버려지는 마스크 등 코로나19로 인해 더욱 심각해진 쓰레기 문제는 전 세계적인 문제로 떠오르고 있다. 편리와 필요 때문에 사용된 것들이 심각한 환경 문제를 야기하고 있어 어느 때보다 환경에 관심이 필요한 시기다.

오늘도 어김없이 환경을 오염시키고, 오염된 환경을 체감하며 살아가고 있는 요즘에 윤리적인 소비 방식을 지향하는 이들은 '제로 웨이스트'를 실천하고 있다. 제로 웨이스트는 '포장을 줄이거나 재활용이 가능한 재료를 사용해 쓰레기를 줄임으로써 환경이나 인간의 건강을 위협할 수 있는 것들을 토지, 해양, 공기로 배출하지 않으려는 움직임'이다.

5R 제로 웨이스트 실천법

제로 웨이스트 운동을 처음 시작한 미국 블로거 비 존슨은 제로 웨이스트 실천법으로 5R(Refuse, Reduce, Reuse, Recycle, Rot)을 주장했다. 5R은 다음과 같다.

- Refuse: 필요 없는 물건은 거절하기
- Reduce: 쓰는 양을 줄이기
- Reuse: 다회용 상품을 이용하기
- Recycle: 재활용은 다시 쓸 수 없을 때만 하기
- Rot: 썩는 상품을 사용해서 매립해 자원을 순환시키기

이처럼 제로 웨이스트는 쓰레기를 원천적으로 만들어내지 않는 생활 방식을 뜻한다. '거절하기'는 제로 웨이스트의 시작으로 카페에서 일회용 빨대를 받지 않거나, 음식 포장 시 플라스틱 숟가락이나 일회용 나무젓가락을 거부하는 방식이다.

사회적, 경제적 활동을 하는 우리 삶에서 쓰레기로부터 완전히 자유로워진다는 건 불가능한 이야기지만 2021년과 2022년부터 종이컵, 비닐봉지, 플라스틱 빨대 사용 및 일회용 식기류 무상 제공이 금지된다. 필요와 낭비를 구분하고, 과잉 생산된 쓰레기를 막는 일을 실천해 보자.

다음에 소개할 상품은 우리의 작은 실천이 모여 큰 변화를 낳기

를 기원하며 저마다의 방식으로 내일의 지구를 더 푸르게 만드는 친환경상품들이다. 이 상품들을 통해 지속가능한 일상을 만들어갈 수 있는 다양한 제로 웨이스트 상품과 그리고 지구에 유해한 상품을 대체할 자연에서 와서 자연으로 돌아가는 상품들이 많이 만들어져서 환경에 대한 관심과 환경을 지키고자 하는 활동이 일상이 되길 바란다.

일회용 대신 오랫동안 두고 쓸 수 있는 상품

'스토조 텀블러'는 사용하지 않을 때 콤팩트한 사이즈로 접어 보관할 수 있어서 여행을 갈 때도 간편하게 휴대할 수 있다. 스토조는 안전성과 편의성을 갖춘 텀블러를 선보임과 동시에 해마다 매출의 1%를 환경 관련 비영리 단체에 기부하며 재사용 가능 컵을 사용하자는 캠페인을 진행하고 있다. 해당 상품은 컵과 마개, 빨대 부분을 미 FDA·유럽 LFGB 기준 인체에 무해한 것으로 알려진 푸드그레이드 등급 실리콘으로 제작하는 등 '친환경적이고 재사용 가능한 컵'을 모토로 개발됐으며, 쉽게 펴고 접을 수 있어 이동과 보관이 용이한 것뿐만 아니라 접착제와 화학물질을 사용하지 않아 안전성이 우수하다. -20°C부터 150°C까지의 내용물을 담을 수 있으며, 전자레인지, 식기세척기, 냉동실에서도 사용 가능하다.

일회용 컵 대신 '스토조 접이식 텀블러'
출처: 엘에프몰(lfmall) 홈페이지

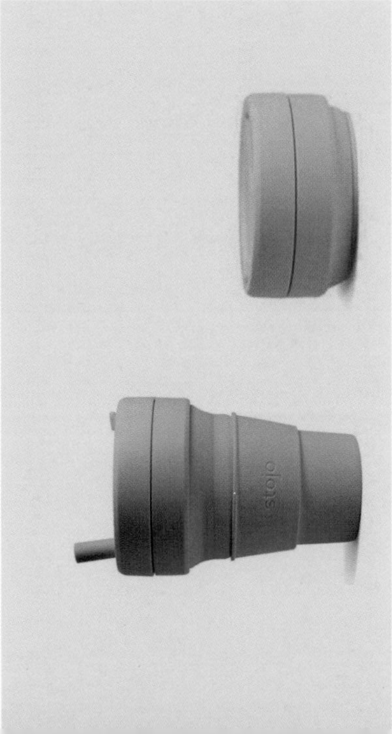

플라스틱 빨대 대신 '쇼트유리빨대'
출처: 뉴본샵(newbonshop) 홈페이지

기본적으로 빨대는 입에 들어가는 도구로서 수입 시 식품으로 분류되며, 반드시 유통을 위해서는 한국식약청(KFDA)에 등록해야만 하는데 '쇼트 유리빨대'는 미국식약청(FDA)의 GRAS기준, ISO인증 및 국내 식약청에 정식 등록된 인체에 무해한 안전한 빨대다.

유리 빨대는 종이, 스테인레스, 실리콘 빨대 등과는 비교할 수 없는 부드러운 느낌으로 음료 본연의 맛과 향을 그대로 즐길 수 있게 해준다. 특히 입에 닿는 상품은 안전해야 하는데, 쇼트 유리빨대가 외경 0.9mm, 두께 1.5T사이즈만을 고집하는 이유는 수천 번의 안전테스트 및 과학적 실험을 거친 결과 입술에 닿는 촉감과 안전성을 확보한 최적의 결과물이다. 또 재활용이 가능한 유리만을 사용했고, 강화유리로 잘 깨지지 않아 식기세척기 사용은 물론 열탕 소독도 가능하다.

지난 몇 년간 많은 나라에서 식료품점 계산대에서 나눠주는 무

비닐봉지 대신 '리유즈백'
출처: 레스플라스틱(lessplastic) 홈페이지

료 비닐봉지들을 유료화하거나 없앴다. 그러나 없애지 못한 것들이 있는데 바로 과일이나 채소 코너에 있는 일명 롤 비닐, 얇은 농산물 비닐봉지다. 마트에서 지켜보고 있으면 꼭 필요하지 않은 순간에도 별 망설임 없이 간단하게 뽑아 사용한다.

같은 고민을 먼저 겪은 유럽이나 미국에서도 다양한 방법들을 시도하고 있다. 포장 없이 구입하거나 종이백을 배치하기도 하고, 생분해되는 비닐봉지를 사용하기도 한다. 그중 눈에 띄는 것이 일명 '농산물백(Produce Bag)', '채소백(Veggie Bag)'이라고 부르는 천으로 만든 주머니다. 식품을 구입할 때 일회용 비닐봉지 대신 면 주머니를 사용한다. 이 상품은 장을 볼 때, 비닐봉지 대신 곡물이나 과일, 채소를 담을 수 있으며 여행 중에 속옷이나 신발, 소지품을 보관할 수 있는 다용도로 활용 가능한 주머니로 흙이 묻으면 툭툭 털고 오염될 시 세탁을 하면 끝이다.

일회용 마스크는 코를 잡아주는 철사, 필터 역할을 하는 부직포, 고리를 잡아주는 플라스틱 등으로 이루어져 있어 바다로 흘러 들어가 썩지 않고 바다생물을 괴롭힐 것이다. 수시로 쓰는 마스크를 그냥 버리기에는 미안하고 아까운 사람들이 '마스크면으로 청소하기', '의자 다리 양말로 씌우기', '마스크 끈으로 머리 고무줄 만들기', '커피 등을 넣어 방향제로 사용하기' 등을 소개하고 있을 정도로 '마스크 재사용·재활용팁'이 공유되고 있다.

'소락'의 면 마스크는 빨아서 다시 사용할 수 있으며, 면 단일재질로 되어 있어 배출 시에도 분리 과정이 따로 필요 없다. 특히 순

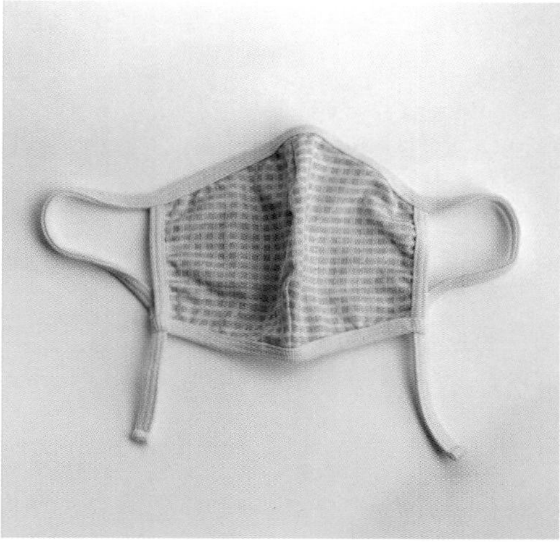

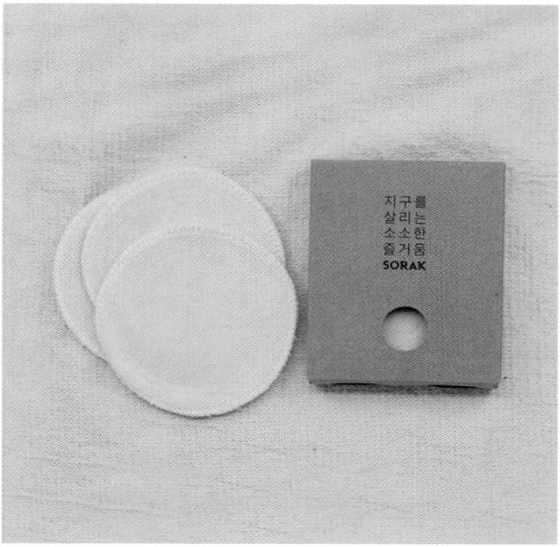

일회용 마스크 대신 '소락 유기농 마스크'
출처: 소락(thedayinjeju) 홈페이지

일회용 화장 솜 대신 '대나무면 화장 솜'
출처: 소락(thedayinjeju) 홈페이지

면으로 만들어진 상품으로 잦은 마스크 착용으로 피부 트러블을 호소하는 예민한 피부의 소유자들에게 좋다.

화장 솜을 하루 평균 두 장 쓰면 1년이면 약 600장의 화장 솜을 버리게 된다. 게다가 특정 화장 솜은 폴리에스테르 성분을 함유해 얼굴에 미세한 상처를 낸다. 소락의 다회용 화장솜은 국제 유기농 섬유기구에서 인증한 원단 윤리적 생산과정을 거친 100% 유기농면과 강화군 프리미엄 소창(거즈)으로 이루어진 면으로 제작되었다. 유기농 면 부분으로 얼굴을 살살 문질러 주면 부드럽고 편안한 사용감으로 각질 제거할 때 아주 좋다. 소락의 상품은 원단부터 라벨 그리고 실까지 모두 순면으로 매립 및 소각처리로 인한 화학물질, 환경호르몬 걱정이 없는 상품으로 일반 쓰레기로 분류해 버리면 된다.

다시 자연으로 돌아갈 수 있는 상품

1년간 버려지는 일회용 생리대 약 20억 개, 이 생리대를 땅에 묻으면 모두 썩기까지 약 450년이 걸린다. '누르(Nur)생리대'는 이런 환경 오염 걱정을 덜어내는 자연과 하나 되어 그대로 분해되는 생분해성 소재 생리대다. 사용 후 폐기 시 미생물의 활동에 의해 분해돼 최종적으로 물과 이산화탄소로 변환되는 소재로 땅에 묻었을 때 자연과 하나가 되어 그대로 분해가 된다. 그리고 누르(Nur)는 고분자 흡수체(SAP)가 첨가되지 않은 100% 유기농 순면 흡수체를 사용했다. 포장지에서부터 패키지, 방수층의 필름까지 옥수수 전분에서 추출한 친환경 수지인 폴리락틱애씨드(PLA, Poly Lactic Acid) 필름을 사용해 화학 플라스틱 성분을 모두 제거한 상품으로 자연에 더욱 가까운 생리대이다.

플라스틱 성분을 모두 제거한
'누르 친환경 생리대'
출처: 누르(easeandmore) 홈페이지

최근에는 환경과 건강에 대한 관심이 높아지면서 다시 천연재료로 비누와 세제를 만들려는 시도가 이어지고 있으며 코로나19 확산에 고체 비누가 재조명받고 있다. 천연 성분으로 안심하고 사용할 수 있는 데다 높은 항바이러스 효과까지 기대할 수 있어서다.

'동구밭 설거지 비누'는 야자유, 옥수수 전분과 같은 5가지 자연 유래 성분과 소금 설탕, 천연 레몬 에센셜 오일 등을 이용해 만든 상품이다. 천연 원료를 1,000시간 동안 숙성, 건조시켜 만드는 CP공법을 이용해 풍부하고 조밀한 거품이 생성되는 것이 특징이다. 또한 액체 주방 세

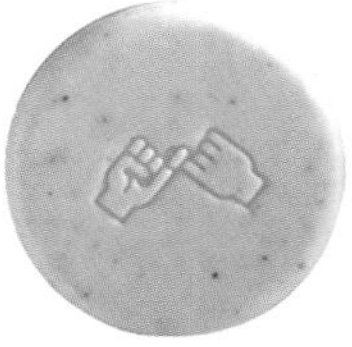

천연 성분의
'올바른 설거지 Washing bar'
출처: 동구밭(donggubat) 홈페이지

제가 가지고 있는 잔류 세제에 대한 걱정 없이 일반 식기부터 유아 식기까지 항균 99.9% 테스트, 세척력 테스트, 인체 무자극 테스트까지 모두 완료해 건강한 안심 설거지가 가능하도록 제작되었다.

최소 1일 1산책을 해야 하는 반려견들을 위해 산책 시 신경 써야 할 배변 처리와 환경오염의 문제는 많은 반려인들의 고민이 아닐 수 없다. '플랫폼마켓 배변봉투'는 한국환경산업기술원에서 '생분해'로 인정하는 DINCERTCO사의 EN13432 인증을 받은 상품이다.

산화생분해(EPI)라는 상품들이 곳곳에 보이지만 생분해와는 완전히 다른 상품이다. 생분해 상품은 땅에 묻어 6개월 이내에 미세플라스틱을 남기지 않고 말 그대로 분해되어 없어지지만 '산화생분해'는 그 아래 단계로 열, 광, 효소, 화학 반응 등의 복합적 1차 분해작용이 이뤄지고 난 후에야 2차적으로 미생물에 의해 플라스틱이 작게 쪼개지는 것이기 때문에 확인하고 구매해야 한다.

아웃도어에서 이웃집 사이트에 놀러 갈 때도 개인 수저는 캠퍼의 기본 중의 기본이다. 또한 개인위생의 관리가 중요한 시대에 플라스틱으로 만든 수저집 역시 결코 무시할 수 없을 만큼 쓰레기를 발생시킨다. 삼베는 땅속에서 자연분해되는 재질로 환경오염 걱정도 없다. 또한 대마 줄기를 말려서 만든 섬유로, 항균 항독 기능이 뛰어나 예로부터 곰팡이·잡균의 서식이나 근접을 막기 위해 많이 사용해왔다. 예고은 '천연 향균 삼베 수저집'은 천연 항균력이 있는 삼베에 코팅효과가 있는 감물염색이 더해져 위생적으로 보관할 수 있고 선물하기도 좋다.

생분해되는 '강아지 배변봉투'
출처: 플랫폼마켓(platformarket) 홈페이지

천연 삼베라서 안심 '천연 항균 삼베 수저집'
출처: 예고은(sambe) 홈페이지

자원 선순환을 위한 플라스틱 재활용 상품

조르단의 친환경 칫솔 '그린클린' 라인은 수명이 다한 플라스틱에 새로운 삶을 불어넣은 재생 플라스틱 칫솔이다. 조르단의 '그린클린 칫솔'의 손잡이는 FDA의 승인을 받은 100% 재생 플라스틱으로 플라스틱 사용을 줄였고, 피마자 오일에서 추출한 나일론으로 만든 식물성 칫솔모를 사용했다.

사실 천연 소재 칫솔의 경우 칫솔모가 뻣뻣해 거부감을 주기도 하는데, 그린클린은 매일 사용하기에 적당한 정도의 부드러움을 지녔다. 대부분의 칫솔이 플라스틱 박스에 담겨 판매되는 것과 달리 패키지까지 100% 재활용지를 사용했을 뿐만 아니라 라벨을 붙일 때 사용하는 접착제까지 환경친화적으로 제조했다.

재생 플라스틱을 사용한 '그린클린 칫솔'
출처: 조르단(dplatformarket) 홈페이지

100% 업사이클링 플라스틱 '모레의 비누받침'
출처: 모레상점(morestore) 홈페이지

'모레의 비누받침'은 비누가 무르지 않도록 올록볼록한 물결무늬로 디자인됐다. 폐 플라스틱 조각을 녹여 제작해 각기 다른 플라스틱 마블링 무늬가 있어 '세상에 하나뿐인 비누 받침대'다. 포장지도 환경보호를 위해 100% 재생 크라프트지를 이용했다.

플라스틱 병뚜껑을 모아 분쇄해 다양한 업사이클링 상품을 만들고 있는 서울환경연합의 '플라스틱 방앗간'이 제작했다. 상품의 판매 수익금은 서울환경연합 '플라스틱 방앗간'에 기부돼 환경운동 기금으로 활용된다.

서울에서 수거한 투명 페트병이 가방으로 새로 태어났다. 서울에서는 2020년 12월부터 공동주택에서 투명 폐페트병을 분리 배출할 것을 의무화했다. 플리츠마마는 폐페트병을 가방과 옷, 담요 등으로 변신시키는 브랜드다. 특히 아코디언 같은 주름이 상징적인 숄더백은 친환경 상품이 얼마나 매력적이고 패셔너블할 수 있는지 대중에게 각인시킨 상품이다.

2017년 론칭한 이후 많은 이들에게 사랑받아 온 브랜드로, '페트병 16개로 가방 하나를 만든다'는 카피가 인상적이다. 분해되기까지 100년이란 긴 세월이 걸리는 플라스틱, 그중 페트병을 사용해 재생 원사를 만든 것은 물론, 복원력이 우수한 독창적 플리츠로 디자인 등록 및 특허를 획득했다.

100% 서울 폐페트병 재생원사 활용
'리브서울 에디션가방'
출처: 플리츠마마(pleatsmama) 홈페이지

환경을 생각하는 스마트폰 앱

재미있고 실용적인 방식으로 환경을 생각하는 것이 특징이다.

HOOXI 후시 – 온실가스 감축 미션 앱
개인별 맞춤형 온실가스 감축, 에너지 절약미션을 제공하는 것이 특징

내손안의 분리배출 – 환경부의 주도로 만들어진 앱
누구나 손쉽게 실천할 수 있도록 올바른 분리배출 방법 제공

필라로이드 – 사진 인화 서비스 앱
종이컵을 재활용한 환경친화적인 인화지에 인화 서비스 제공

리테라티 – 전 세계 쓰레기 문제를 해결하기 위해 만들어진 앱
전 세계에 버려진 쓰레기를 데이터화해 문제 해결

네이처링 – 생태계 빅데이터 앱
자연을 관찰하고 기록하고 검색하는 도구, 자연활동 오픈 네트워크

다모고 – 음식은 줄이고 환경은 살리고
마트, 편의점, 베이커리, 레스토랑 등 매장 내 식품 손실을 지양하고 식재료의 선순환을 돕는 앱

반려동물 먹거리부터 보험까지

1인 가구가 증가하면서 반려동물을 기르는 사람들이 빠르게 증가하고 있다. 이제 반려동물은 가족과 같은 존재로 대우받고 있으며, 국민들은 반려동물을 통해 보다 행복한 삶을 살아가고 있다.

한국농촌경제연구원이 2018년 발간한 《반려동물 연관산업 발전 방안 연구》에 따르면 2017년 기준 전국 1,952만 가구 중 29.4%인 574만 가구가 약 874만 마리의 반려동물(개 632만 마리, 고양이 243만 마리)를 기르는 것으로 나타났다. 즉 3~4가구 중 1가구에서는 반려동물을 키울 정도로 우리에게 반려동물이라는 존재는 생활 속에서 빼놓을 수 없는 중요한 삶의 일부분이 되었다.

원래는 반려동물이라는 용어보다 '애완동물(愛玩動物)'이라는 표현이 더 먼저 사용되었다. 하지만 애완동물이라는 표현에 사용되는 '완(玩)'의 의미가 '희롱'이라는 의미를 담고 있으며 이는 사람 중심의 일방적인 놀잇감이나 장난감이라고 생각하는 뉘앙스를 포함하고 있다. 그래서 일방적이고 종속적 의미의 애완동물이라는 표현보다는 '함께 한다'는 의미가 더 강조된 '반려동물(伴侶動物)'이라는 표현이 좀 더 사용됨에 따라 개나 고양이 등 반려동물을 가족처럼 기르는 '펫팸족(Pet+Family)'들이 증가하면서 펫케어 시장도 함께 성장하고 있다. 시장 조사 기업 유로모니터 인터내셔널에 따르면 한국은 지난해 펫케어(반려동물 돌봄) 소비국 15위에 올랐다.

그럼에도 불구하고 동물 복지 문제가 계속적으로 지적되고 있으며, 관련 산업의 제도적인 관리와 지원 체계가 미흡해 산업의 건전한 발전에 장애요인으로 작용하고 있다. 그에 따라 반려동물을 기르는 시민의 보다 성숙한 의식과 문화를 고취할 필요성이 커지고 건강한 반려동물 생산을 위해 생산과 분양, 유통의 관리를 강화하고 있으며 유기 동물을 줄이고 보험시장을 활성화하기 위해 동물등록제를 확대하고 있다. 또한 반려동물 문화를 확산하기 위해서는 펫티켓에 대한 교육과 맹견에 대한 관리도 강화되는 실정이다.

지금까지의 성장추세를 보면 반려동물 시장은 성숙기에 접어들었다고 볼 수 있다. 한국 펫푸드 시장이 다양화된 배경에는 소비자들의 취향을 저격한 다양한 기능·흥미로운 간식 형태·폭넓은 가격대 등을 내세운 국내 펫푸드 브랜드들의 활발한 시장진출이 꼽힌다. 또 질적 성장을 위한 첫 걸음마 단계로 처방식, 프리미엄 기능성 간식 등에 보다 집중하는 트렌드가 두드러졌다. 사물인터넷(IoT)·인공지능(AI) 기술이 펫상품에 접목된 '펫테크' 와 주거환경·장묘 등 '펫리빙' 시장은 펫팸족들의 높은 수요 탓에 기업들의 진출

속도 역시 빠르게 진행되고 있다. 다음에 소개하는 상품들을 참고해 사람과 동물이 공존하는 상품과 서비스를 기획해보기 바란다.

화학 사료에서
안전한 먹거리로

펫팸족 1,000만 명 시대다. 이에 걸맞게 반려인들은 반려견, 반려묘가 질병이 발생하기 전 예방 목적으로 생활 습관이나 특정 질환에 도움이 되는 영양제나 영양 간식을 챙겨주는 등 많은 노력을 하고 있다.

최근 펫푸드 시장에서 반려동물을 사람과 같이 대하는 '펫 휴머니제이션(Pet Humanization)' 트렌드가 자리잡기 시작하면서 반려동물에게 '인간적인' 먹거리를 제공하자는 인식이 확산되고 있다. 각종 화학 재료가 첨가된 고단백 사료가 아닌, 방부제가 적고 유전자

곤충으로 만든 강아지 사료 '포러스트'
출처: 포러스트(forust) 홈페이지

변형 원료가 첨가되지 않은 인간적이고 안전한 먹거리를 제공하자는 것이다. 그중에 환경문제가 세계적인 화두로 떠오르고 있는 요즘, 환경정화 곤충을 원료로 한 사료와 채식 사료들이 주목받고 있다.

'포러스트(FORUST)'는 고단백 영양소를 동애등에 곤충 단백질로 대체했다. 거기에 브로콜리, 단호박, 양배추, 당근 등 안전한 먹거리들을 배합해 반려동물을 위한 프리미엄 사료, 영양제, 간식거리를 만들어내고 있다.

'조인트앤(jointAND)'은 소형견 98%가 경험한다는 슬개골 탈구와 각종 관절 질환을 예방하고 회복시키는 데 도움을 주는 유효 성분을 다량 함유한 관절 영양 간식이다. 반려견/묘 관절 건강뿐만 아니라 간 건강도 챙길 수 있다.

국내 반려인들의 손꼽는 고민거리가 잦은 피부 트러블, 눈물 자국, 비만 등이다. 브이플래닛은 AAFCO 기준을 모두 충족하도록

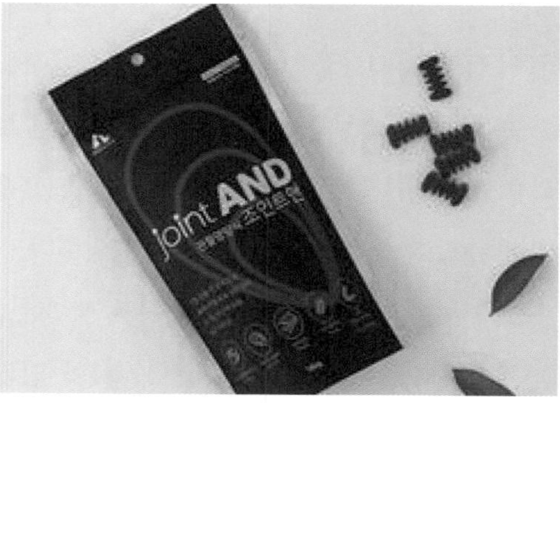

관절 영양식 '조인트앤'
출처: 큐어애니케어(cureac) 홈페이지

비건 사료 '브이플래닛'
출처: 브이플래닛(dreampetfood) 홈페이지

수의사와 동물 영양 전문가 팀에 의해 개발된 영양학적으로 완벽한 채식 사료다. 또한 수의사가 인정한 슈퍼푸드와 반려견에게 필요한 모든 필수 아미노산과 식물에서 추출한 비타민, 미네랄 및 무기질 성분을 포함해 가장 건강한 사료로 호평을 받고 있다.

과학적으로 분석하는 펫 테크

펫 테크 산업의 급성장 배경엔 '펫 휴머나이제이션' 현상이 있다. KB금융지주 경영연구소는 "저출산·비혼·고령화 등으로 종래 가족 구성원의 빈자리를 반려동물로 대체한 가구가 늘었다"라며 "이로 인해 부재 시 반려동물을 돌볼 수 있는 상품과 서비스에 대한 관심이 증가하고 있다"라고 분석했다.

1인 가구와 이른바 '딩펫족(아이 없이 반려동물을 기르며 사는 맞벌이 부부)'이 펫 테크의 가장 큰 소비자다. 이들이 증가하면서 AI와 딥러닝 등 정보통신기술(ICT)을 활용해 주인과 반려동물 간의 교감을 늘려주는 최첨단 상품들이 속속 등장하고 있다.

일본 스타트업 '토레타캣'이 개발한 '토레타'는 고양이 화장실 상품으로, 고양이가 화장실을 이용하면 센서를 통해 고양이의 체중, 소변의 양, 소변 횟수, 화장실 체재 시간 등의 데이터를 수집하고 이를 시스템에 등록된 다른 고양이들과 비교하는 방식이다. 반려묘의 소변량과 빈도, 체중 변화를 지속적으로 체크해 스마트폰 앱으로 알려준다.

고양이를 여러 마리 키우고 있어도 문제없다. 화장실 안에 인공지능 카메라가 설치돼 각각의 고양이를 식별하고 별도로 분석해 주기 때문이다. 만성 신부전 등 고양이들이 걸리기 쉬운 비뇨기 질환을 조기 발견하는 데 도움을 준다고 한다. 월 500엔(약 5,300원)에 구독 형식으로 빌려 쓸 수 있다.

고양이가 토레타를 이용하는 모습
출처: 토레타(toletta) 홈페이지

직장인들의 가장 큰 걱정은 반려견들의 산책이다. 반려견은 하루에 한 번은 1시간 이상 집 밖에서 산책을 시켜줘야 하지만 야근이 잦은 직장인들에겐 현실적으로 어려운 경우가 많다. 스마트도어인 '마이큐 펫포털'은 이런 걱정을 덜어준다. 현관문 아래쪽에 설치되는 마이큐 펫포털에는 내·외부 카메라와 무선통신기술이 탑재되어 직장에서도 반려견의 행동에 따라 스마트폰을 이용해 개가 집 밖을 오갈 수 있도록 마이큐 펫포털을 여닫을 수 있다.

좁은 원룸이나 작은 아파트, 다세대 주택에 거주하는 이들은 층간소음이나 냄새 등 현실적인 문제로 반려동물을 키우지 못하는 경우가 많다. 로봇 강아지를 키우면 이런 문제들은 걱정할 필요가 없다. 문제는 지금까지 출시된 로봇 강아지들은 짖거나 앉는 등 단순한 행동 패턴을 모방하는 것에 그쳐, 감정을 교감하기 어렵다는 것이다. 그러나 모플린(MOFLIN)은 애완동물형 AI 로봇으로 부드럽

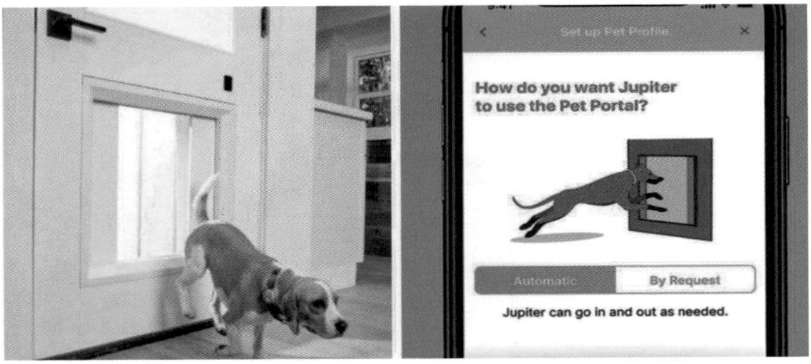

반려동물을 위한 스마트도어 'MyQ 펫포털'
출처: MyQ

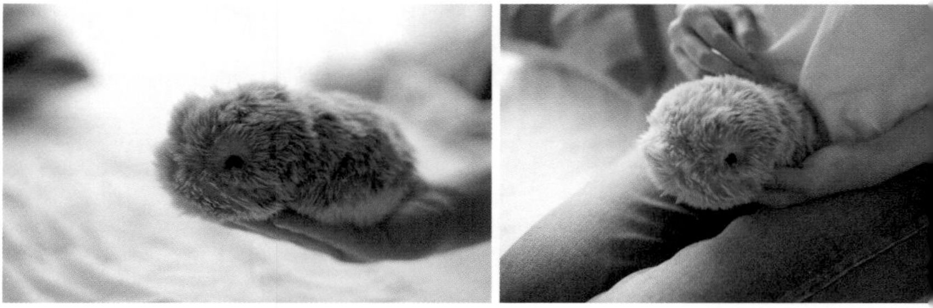

진짜 동물 같은 인공지능 반려동물 로봇, 모플린(MOFLIN)
출처: 킥스타터(kickstarter) 홈페이지

고 따뜻한 털로 만들어졌으며 진짜 살아 있는 생물처럼 귀여운 울음 소리나 사랑스러운 몸짓을 한다.

실제 CES 2021에서 선보여 혁신상을 수상한 '모플린'은 주인과 상호작용하는 과정에서 어떤 행동과 감정을 나타낼지 스스로 학습하는 AI 기능이 탑재된 로봇 강아지다. 모플린은 9가지의 감정 상태를 갖고 있으며, 주인과의 감정 교류를 통해 스스로 다른 감정들까지 개발할 수 있다.

사람도 반려동물도 편하게 살 수 있도록

반려동물과 한 공간에서 보내는 시간이 늘어나면서 함께 살아가는 데 편함을 주는 인테리어와 생활용품에도 관심이 높아졌다. 펫리빙은 펫과 함께하는 삶, 펫의 태

생부터 죽음까지 함께하려는 소비자가 늘어나면서 주거 형태, 장묘 방식 등이 변화하고 있으며 이에 펫리빙 관련 상품·서비스가 등장하고 있다.

'파티션 캣타워'는 반려동물과 함께하는 1인 가구를 핵심 타깃으로 만들어진 상품이다. 설치 면적이 매우 적어 협소한 공간에서도 설치가 가능한 것이 이 상품의 가장 큰 장점이다. 설치하고 나면 파티션으로도 활용이 가능하기 때문에 원룸이나 투룸과 같은 주거 환경에서도 공간의 분리가 가능하다.

또 이 상품은 완제품이 아닌 DIY 형태로 배송이 되고 있다. 이유는 고양이들이 신나게 실컷 오르내리다가 어느 한 부분이 고장나거나 상하게 되면, 전체를 다 바꿀 필요 없이 해당 부품만 교체

반려동물이 함께 사용할 수 있는 공유 가구 '파티션 캣타워'
출처: 펫토룸(pettoroom) 홈페이지

해서 오래 사용할 수 있도록 DIY 형태로 배송해주는 것이다.

반려견·반려묘인들의 가장 큰 고민은 뭐니 뭐니 해도 청소다. 털 빠짐이 심한 반려동물일수록 고민은 더욱 크다. 하지만 이러한 고민을 해결할 수 있는 청소 도구가 있는데 바로 플라스틱 빗자루 '쓰리잘비'다. '쓰리잘비'는 일반 실리콘보다 고급소재로 알려진 엘라스토머 재질을 사용했다. 엘라스토머 실리콘은 아기 젖병에 쓰이는 소재로 인체에 무해하며, 내구성이 높은 장점이 있고, 쉽게 형태 변형이 되지 않아 오래도록 사용이 가능하다. 특히 개와 고양이 털을 치우는데 편리하고 동물이 씹어도 무해하다. 일반 빗자루로는 잘 쓸리지 않는 깨진 유리, 액체류나 가루 종류도 말끔히 청소할 수 있다. 사용 방법은 간단하다. 일반 빗자루를 사용하듯이 바닥을 쓸거나 밀대를 쓰는 것처럼 밀어주면 끝이다. 또 사용 후 흐르는 물에 씻어서 먼지를 털 수 있다.

작은 먼지, 반려견 털도 완벽제거 '쓰리잘비2'
출처: 독립생활연구소(mylivinglab) 홈페이지

강아지와 안전한 산책 '옐로와펜'
출처: 멍랩(munglab) 홈페이지

반려동물 브랜드 '멍랩'은 사람과 반려동물이 평화롭게 공존하기 위해서는 서로 펫티켓(Pet+Etiquette)을 지키자는 의도를 담고 있는 사회적 상품이다. 반려동물은 낯선 사람이 다가오는 것을 경계한다. 그러나 펫티켓을 잘 모르는 사람은 무턱대고 손을 뻗어 반려동물을 만지려고 하는 경우가 많다. 그래서 멍랩의 '옐로와펜'은 '보호자의 허락 없이 만지지 마세요' 같은 메시지를 전달하는 아이콘을 목줄(리드줄)에 간편하게 부착할 수 있는 펫티켓 아이템이다.

노령견
서비스

보통 생애주기상 노령견을 7세 이상으로 분류한다고 했을 때 10년 전부터 키워왔던 가구에서만 약 300만 마리 이상이 노령견에 진입한 것으로 추정된다. 노령견이 되면 관절 질환은 물론 심근경색 등 다양한 질환에 노출될 수 있는데 병원비 등 관련 경비가 나이가 들수록 많이 들어가는 구조다. 농림축산식품부는 2008년부터 2017년까지 국내 누적 등록된 전체 반려견 중 사람의 장년/노년층에 해당하는 7~12세가 절반에 가까운 45.56%에 달한다는 분석을 내놓기도 했다. 그만큼 노령견 시장이 성숙해지면서 노령견 케어 관련 수요가 점차 커지고 있다는 의미다.

펫핀스앱은 별도 회원 가입 없이 반려동물 기초정보 입력만으로 서비스 이용이 가능하다. 반려동물보험을 비롯한 각종 펫금융 상품들을 한자리에서 한 번에 비교가입이 가능한 펫금융 전문몰이다. 또 맹견 소유자 배상책임보험 가입 의무화에 맞춰 맹견 소유자들이 보다 쉽게 보험을 이용할 수 있도록 했다.

통상 수의학 쪽에서는 1년에 60만 마리의 반려동물이 죽는다고 하는데 그 중에서 15만 마리 정도가 장례식장을 찾는다. 아직 장례율이 채 30%가 되지 않는 것이다. 동물병원에서 합동 장례라는 말로 의료 폐기물 처리되기도 하지만 아직도 상당수는 반려인이 직접 묻어 준다.

참 쉬운 펫보험 '펫핀스'
출처: 펫핀스(PetFins) 앱

우리나라에서도 많은 보호자들이 아쉬움과 미안함에 유골을 집으로 가져가서 몇 년씩 보관하는 경향이 있다. 이에 21그램은 집 디자인의 기능성 유골함을 만들고 반려동물 생전 모습을 3D프린터로 조각하거나 비슷한 모습의 미니어처로 장식해 집에서 보관할 수 있도록 제공하고 있다.

반려동물 장례플랫폼 '21그램'
출처: 21그램(21gram) 홈페이지

지친 마음, 반려 식물로 치유

경제적인 조건과 생활환경 등 여러 요소가 전제되어야 하는 반려동물과 달리 상대적으로 돈도 덜 들고 기르기 쉽다는 이유로 반려 식물의 인기도 나날이 증가하고 있다.
사람들은 식물과 함께 있을 때 가장 행복하고 편안한 기분을 느낀다고 한다. 이렇게 반려 식물을 키우면 무엇보다 좋은 점은 실내 공기를 정화하면서 느끼는 쾌감일 것이다.
반려나무를 판매하고 다양한 숲 조성사업을 실시하고 있는 '트리플래닛'은 마스크 자투리 원단과 투명 페트병을 이용해 식물이 필요할 때 물을 흡수할 수 있는 '스밈 화분'을 개발했다. 1달에 1번만 물을 충전하면 화분이 스스로 물을 흡수하는 이중 구조다. 폐플라스틱으로 만든 외피에 물을 충전하면, 세라믹으로 만들어진 내피에 물이 스며든다. 식물을 키우는 데 자신없는 사람들이나 식물 초보도 관리하기 쉽도록 제작되어 식물 키우기에 도전해보기 좋다.

내 공간에 한 그루, 숲에 또 한 그루 '트리플래닛'
출처: 트리플래닛(treeplanet) 홈페이지

응급·비상·안전·사고 예방용품

통계청에 따르면 2016년부터 매년 약 1%씩 1인 가구가 계속해서 증가하고 있다고 한다. 1인 가구가 급증하는 원인은 사별한 노년 인구의 증가, 별거·이혼 가정의 증가, 청년층의 취업난과 만혼·독신주의 풍조, 소득 양극화 등 다양한 이유로 볼 수 있다.

이제는 1인 가구 위주의 원룸 주택들을 주변에서 흔히 찾을 수 있다. 이들은 혼자 살기 때문에 도난이나 안전·사고, 타인의 침입을 방지하기 위해 애쓰지만 늘 마음속에 불안감을 가지고 생활한다. 누군가 문을 두드리거나 지나가는 소리라도 나면 일단 숨을 죽인 채 주변을 살피게 된다.

1인 가구의 특성상 응급한 상황, 범죄의 노출될 위험이 높고 문제가 생겼을 경우 빠른 대처가 어렵기 때문에 미리 예방하는 것이 중요하다. 특히 여성 1인 가구의 경우 가장 많이 고려하는 요소가 '주변 치안'이다. 실생활에서 쉽게 활용할 수 있는 호신술에 대한 관심도 어느 때보다 높다. 여기에다 스마트폰을 활용한 안전 관련 앱이 다시 각광을 받는 등 '내 안전은 내가 지키자'는 사회 분위기가 확산되고 있다.

다음에 나오는 상품들은 우리 집을 지키는 자취방 보안 용품에서 응급시 비상용품과 재난에 대비할 수 있는 용품들이다. 연령별, 성별, 상황별로 집에 하나씩 사두고 실생활에서 쉽게 활용할 수 있는 상품과 서비스들이 계속적으로 개발될 수 있기를 기대한다.

보안/ 안전장치

'캠지플러스'는 1인 가구의 생활 안전과 여행, 캠핑 등 아웃도어 활동에 간편하게 휴대해 보안과 안전을 지원한다. 휴대폰 앱과 연동해 사용할 수 있는 안전도우미다. 집에서 사용은 물론 220g의 무게로 컴팩트한 사이즈라 전용파우치에 담아 어디든 휴대해 사용할 수 있다. 침입감지 경보, 질식 및 화재예방을 위한 일산화탄소 경보, 모기퇴치를 위한 초음파, 온습도 모니터링 및 알람, 야간안전을 위한 3단계 LED안전등, 조난 및 위험 알림을

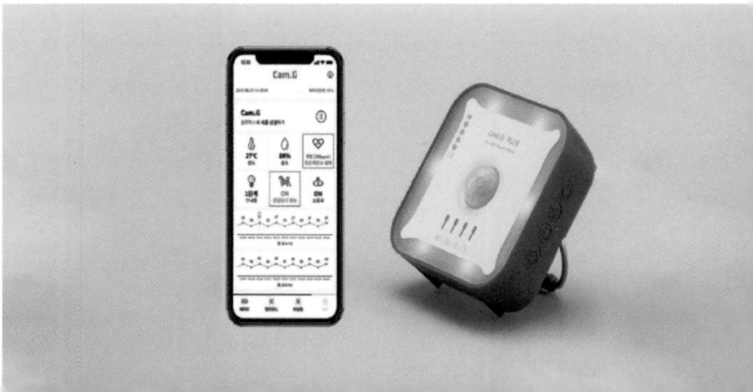

휴대용 안전도우미 '캠지플러스'
출처: 캠지(camg) 홈페이지

위한 비상벨 등 기능이 탑재되어 있다.

'세이브미 스프레이'는 매운 액체가 들어 있어 괴한이 공격하는 등의 위급 상황에서 분사 시 제압에 도움을 줄 수 있는 호신용품이다. 안전 캡과 노즐을 일체형으로 만들어 캡 안에 엄지손가락을 넣고 누르면 빠르게 액체 분사가 가능하다. 립스틱, 연필 등을 닮은 기존 호신용품의 경우 뚜껑이 달려있거나 안전핀을 뽑아야 했던 것과는 차별된다. 또한 한 번만 눌러도 최대 5m까지 분사가 가능해 다른 호신용품에 비해 안전거리 확보가 용이하다. 아무리 호신용품을 소지하고 있어도 실제 긴급 상황에서 당황하지 않고 익숙하게 사용할 수 있어야 하기 때문에, 미리 스프레이 분사를 연습할 수 있도록 패키지에 연습용 표적지까지 동봉되어 있다.

응급/
비상대비

시계 모양으로 디자인한 '라이프클락'은 재난대비 안전물품인 재난안전키트에 시계의 디자인과 기능을 접목시킨 상품으로 위급 상황에서 누구나 쉽게 활용할 수 있는 편리함과 기동성을 동시에 갖췄다. 라이프클락은 조난자의 위치를 알릴 수 있는 조명봉·호루라기·구호요청깃발, 체온 저하를 방지하는 보온포, 응급치료 기초구호용품, 긴급상황연락카드(인적사항, 혈액형, 연락처 등 기재) 등으로 구성됐다. 평소에는 인테리어 소

나를 지키는 호신용품 '세이브미 스프레이'
출처: 세이프티랩(safety-lab) 홈페이지

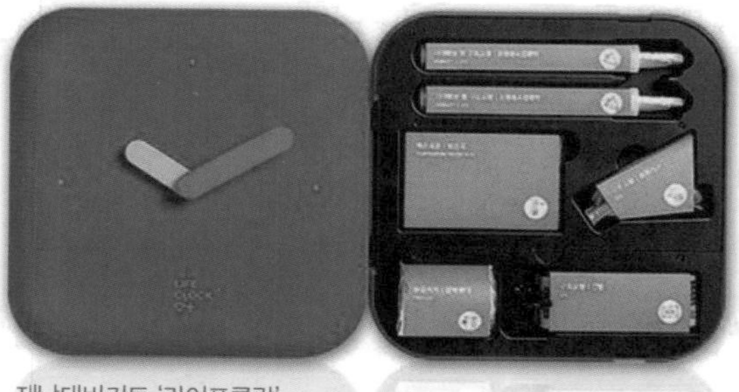

재난대비키트 '라이프클락'
출처: 경기도주식회사(kgcbrand) 홈페이지

품용 시계로 활용하다가 비상 시에는 구급 키트로 사용 가능한 상품이다. 디자인 스튜디오 'SWNA'와 경기도주식회사의 콜라보레이션으로 출시 된 이후 인기를 얻었다.

고령 가구나 혼자 사는 1인 가구의 경우에는 화재를 인식하는 것이 늦을 수 있다. 이는 대피가 늦어지는 주된 원인이 되기 때문

가정용 소화기 '리틀히어로 소화기'
출처: 독립생활연구소(mylivinglab) 홈페이지

에 주택용 소방시설, 즉 화재경보기나 소화기를 구비해놓는 것이 좋다. '리틀히어로 소화기'는 '소화기 = 빨간색'이라는 편견을 깨고 집 안 어느 곳에 둬도 자연스럽게 어우러지고 인테리어 소품으로도 보일 수 있도록 디자인되었다. 평상시에는 인테리어 소품으로, 화재시에는 가정용 소화기로 골든타임 위력을 발휘하는 안전장치로써 집들이, 개업, 생일 선물 등으로 관심을 끌고 있다. 또 노즐 이탈방지 장치가 적용되어 위급 상황에 노즐을 잃어버리는 경우가 없고 분진이 발생하지 않아 사용하기 편리하다.

생존
도구

코로나19 강타로 시민들의 생존

위기와 재난 안전에 대한 중요성이 높아지는 가운데 집 안에서 재난 대비를 할 수 있는 프로그램이 나와 눈길을 끌면서 생존 배낭이 주목받고 있다.

생존 배낭은 기본 72시간(3일) 기준으로 준비하면 좋다. 'Preppi 키트'의 핵심은 생존 전문가와 정부 기관에 의해 약술된대로 레인 판초와 같은 기본 필수품과 장갑, 마스크는 물론, 유통기한이 5년인 3일분의 식량과 물이 함께 들어 있어 어떤 상황에서도 대비할 수 있도록 해준다. Preppi는 시그니처 백팩인 'The profster', 초소형 'Preppi GoBox'부터 태양열로 충전하는 라디오, 방염 소재의 백팩 형태 응급 키트도 판매한다.

어느 TV 예능프로그램에서 여성 연예인이 가족들과 엘리베이

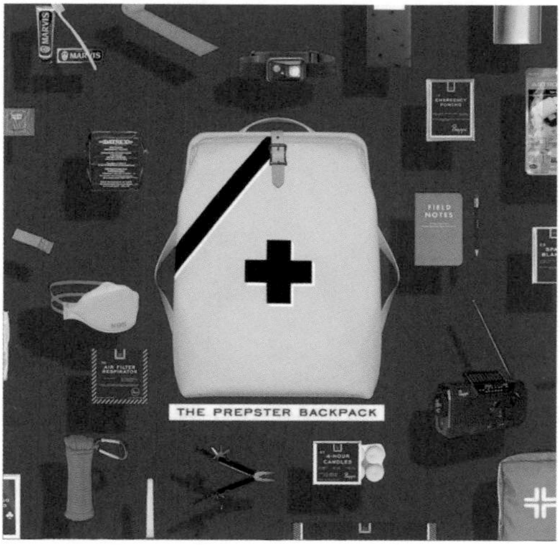

3일 생존 배낭 'PREPSTER BACKPACK'
출처: 프레피(preppi_survival) 인스타그램

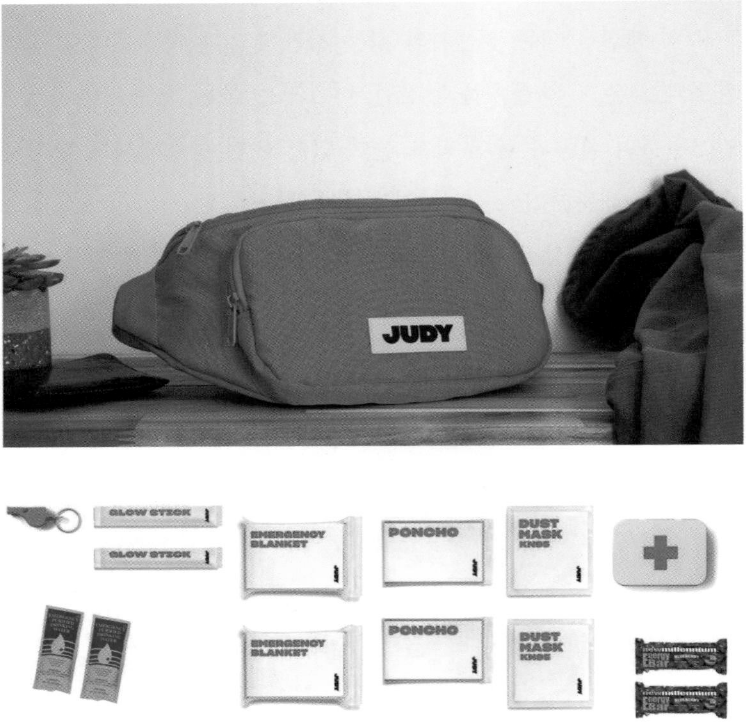

휴대용 생존 힙색 'Starter'
출처: 쥬디(judy) 홈페이지

터에서 갇힌 적이 있었고, 이런 상황이 닥쳤을 때 내가 할 수 있는 게 없다는 걸 느끼면서 차에 생수와 재난 가방을 상시로 가지고 다님을 고백했다. 'Starter' 는 외출시 휴대하기 좋은 가장 손쉬운 생존 도구이다. 여기에는 응급처치키트, KN-95방진마스크, 방수레인판초, 비상담요, 발광스틱, 호르라기, 물패킷 등 보온과 안전, 응급처치와 음식물 등이 작지만 강력한 비상 대비품들로 갖춰져 있다.

낙상/
실종예방

걷다가 갑자기 넘어지는 '낙상'은 고령자의 건강을 위협하는 주요 원인이다. 많은 사람들이 낙상하면 흔히 빙판길을 떠올리지만 사실 더 위험한 곳은 '집 안'이다. 한국소비자원이 가정용 비닐 및 목재류 바닥재 30종을 시험해보니 방이나 거실에서는 맨발보다 양말을 신었을 때 4배나 더 미끄러웠다고 발표했다.

만약 발바닥이 오돌도톨한 미끄럼방지 양말을 신는다면 집 안에서 미끄러져 낙상사고부터 안전할 것이다. '위핏'은 발이 미끄러우면 근력이 약해 종종 걸음으로 걸을 수밖에 없는 노인들에게 몸의 균형을 잡아 주는 효과가 크다. 충격을 흡수하는 폴리우레탄 폼이 양말의 안과 밖에 비대칭으로 장착되어 있어 갑자기 방향을 틀거나 멈출 때 미끄러움과 부상을 막아주고 에너지 손실을 최소화

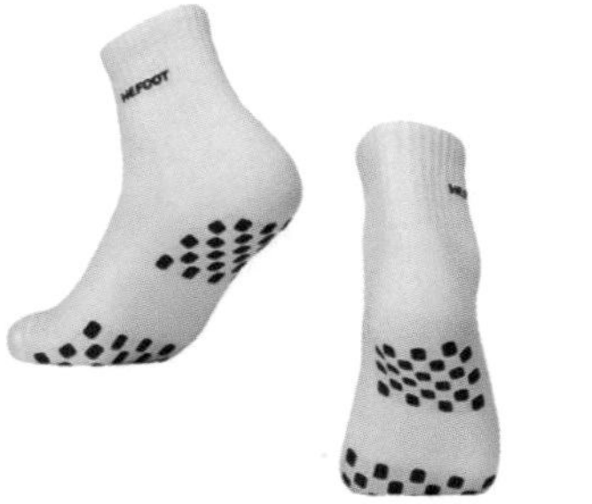

논슬립 양말 'WEFOOT'
출처: 위풋테크놀로지(wefoot) 홈페이지

위치추적기 'KEYCO'
출처: 키코(keyco) 홈페이지

해주기 때문이다.

'키코'는 GPS로 피보호자의 위치를 주기적으로 확인해 보호자에게 알려주는 열쇠고리 형태 기기다. 또한 특정 지역을 지정해 피보호자가 이를 벗어날 경우 보호자에게 알림을 보내주는 안심존 기능을 갖추고 있어 키코 앱에 등록한 자녀나 치매노인, 반려동물의 갑작스러운 이동을 확인할 수 있다. 사용자 이름을 등록해서 쓰면 지도에 설정한 이름의 위치가 뜬다. 가족 구성원 모두 기기를 등록해 사용할 수 있는 것도 특징 중 하나다. 혼자 사는 노인, 특히 배회 증상이 있는 치매 노인이 위치추적기 지원을 통해 사고를 예방하고 노인과 가족에게 안심을 줄 수 있을 것으로 기대된다.

1인 가구
치안 예방법

1인 가구의 치안과 불안 해소를 위해
정부가 지원하는 다양한 서비스를 확인해보자.

빈집 사전신고제

집을 장기간 비울 때(휴가, 명절) 가까운 파출소, 지구대에 빈집 사전신고제를 전화, 방문신청하면 경찰이 순찰을 강화하며 최소 하루 2회 이상 방문해 방범창, 창문 상태를 확인하고 우편물 수거 후 신고자에게 문자로 사진 전송까지 해준다.

1인 가구 안심홈세트

여성 1인 가구의 안전한 주거생활을 지원하기 위해 정부에서 안심홈 4종 세트를 지원한다(스마트초인종, 현관문보조키, 문열림센서, 창문잠금장치).

생활안전지도

홈페이지에 접속해 '치안 안전' 또는 '지하철 불법 촬영 위험도'를 선택하면 범죄등급별로 치안 상태의 위험도와 지하철 불법 촬영 위험도를 확인할 수 있다(safemap.go.kr).

여성안심 귀가 서비스

정부24 여성안심귀가 서비스다(서울시 안심이 APP). 지하철역 도착 30분 전 구청 상황실(209-1148) or 120로 전화(밤 10시부터 가능)하면 스카우트는 신청인의 도착 10분 전까지 만남 장소(지하철역) 앞에 대기해 신분증 확인 후 귀가 지원(동행)한다.

여성 안심 앱

안심귀가 모니터링 기능(실시간 위치 정보를 해당 자치구 관제센터로 전송)과 위급상황 시 신고 버튼을 누르거나 폰을 흔들면 신고 접수가 되어 경찰이 출동한다.

성범죄자 알리e 서비스

본인이 거주하는 지역에 성범죄자들의 위치, 신상정보를 어플/PC에서 확인할 수 있다(sexoffender.go.kr). 내용을 캡처한 후에 공유하면 벌금 300만 원이 부과되는 점을 기억해야 한다.

3장

1인 라이프, 상품 발굴은 이렇게 하라

신상품의 개념과 범위

시장은 과거 공급자 중심에서 오늘날 소비자 중심으로 변화됐다. 기업들은 끊임없는 투자와 연구를 통해 현재 소비자들이 원하고 있는 다양한 형태의 새로운 상품, 즉 신상품을 계속해서 출시하고 있다. 반면 수명을 다한 수많은 기존 상품들은 소리 없이 사라져간다.

신상품은 시장에 내놓았을 때 잘 팔릴 수 있도록 소비자들이 진정으로 원하는 특성을 갖추어 새롭게 만들어낸 상품을 의미한다. 다시 말해 기존 품목의 포장만 바꾼 것에서부터 세계 최초의 새로운 상품에 이르기까지 소비자들의 잠재된 욕구를 충족시키는 품질 혹은 새로운 콘셉트를 갖추어 소비자들이 갖고 싶다는 마음이 우러날 수 있도록 하는 상품이다.

상품도 수명이 있어서 성공적인 기존 품목을 여러 개를 가지고 있다고 하더라도 상품수명주기(Product Life Cycle)가 끝나기 전에 지속적인 소비를 유도함으로써 시장을 방어하고 새로운 시장을 개척할 수 있도록 해주는 신상품 개발이 필수적이다.

신상품이란
무엇일까

그렇다면 어디까지를 신상품이라고 할까? 신상품의 개념은 상대적인 것으로서 어떠한 시점에서 누가, 어디서, 어떻게 판정하는가에 따라 달라진다.

개념을 확대하면 경쟁사가 먼저 출시한 상품, 새로운 기술이 적용되어 개선된 상품, 원산지나 원재료가 바뀐 상품, 다른 업계에는 있었지만 우리 업계에는 없었던 콘셉트의 상품, 특정한 사람의 관심으로 만들어진 상품, 판매를 위탁받은 상품 등을 모두 신상품이라고 한다.

개발 장소에 따라서는 세계에서 처음인 신상품, 세계에는 있으나 국내에서는 처음인 신상품, 국내에는 있으나 그 기업에는 처음인 신상품 등으로 구분된다.

기존 상품의 개량에 의한 신상품, 기존 상품의 신용도 개선에 의한 신상품, 기존 상품과는 전혀 다른 신상품 등의 구분도 있을 수 있다. 예를 들어 '프로스펙스 W'는 수입 브랜드가 강세인 국내 운동화 시장에서 워킹화 시장이라는 새로운 틈새시장을 발견했다. 프로스펙스는 신발 제조업체로서는 세계적인 기술을 보유하고 있다. 그러나 운동화 업계에서 인식의 사다리 중 상층에 있는 브랜드는 대부분 수입 브랜드였다. 이에 대응하기 위해 '프로스펙스 W'는 러닝화 대 워킹화라는 대비 구조를 통해 기존 상품을 새롭게 포지셔닝했다. 워킹화는 기존의 운동화와는 별도의 카테고리다. 프로스펙스는 기존 운동화에서는 인식의 상층부에 있을 수 없었지만, 워킹화 카테고리에서는 맨 위에 위치하게 되었다.

이처럼 신상품을 기획하려고 하거나 상품개발을 할 때 '완전히 새로운 상품', 즉 혁신 상품이라 불리는 것만 신상품이 아니다. 이러한 것은 그저 여러 신상품 타입 중 하나에 불과하다는 것을 빨리 이해해야 한다.

신상품의 유형 구분

신상품은 반드시 혁신 기술을 기반으로 지금까지 한 번도 출시되지 않았던 상품을 새롭게 만드는 것뿐만 아니라 이미 있는 기존 상품들을 변형, 개선, 보완, 첨가, 수정한 상품 또한 이에 해당한다. 여기에 새로운 아이디어를 더해서 편리하고 유익한 기능을 조화롭게 구현해 새롭고 차별화된 가치를 부여할 수 있는지에 따라 구분할 수 있다.

소비자에게 새로운 상품

소비자들이 새롭게 느끼는 상품의 유형은 4가지로 정리해볼 수 있다. 첫 번째는 '혁신적인 신상품'이다. 이제까지 없었던 성능, 효능, 편리성을 갖는 뛰어난 상품으로 소비자들의 눈을 단번에 사로잡는다. 두 번째는 '기능을 개선한 신상품'으로 이제까지의 상품기능, 효능, 사용성을 크게 개선한 상품이다. 그다음으로는 '가치를 개선한 신상품'이다. 기존 상품의 감각적, 심리적 가치를 좋게 개선한 것이 이에 해당한다. 마지막으로 '후발주자의 모방 신상품'이다. 새로운 점이 무엇인지 잘 알 수 없는 유사한 상품이다.

시장에서 새로운 상품

시장에서 말하는 새로운 상품은 총 6가지로 구분할 수 있다. 시장에 한 번도 출시되지 않은 완전 신상품, 신상품 라인, 기존 상품 라인에 추가된 상품, 리뉴얼 상품, 리포지셔닝 상품, 비용 절감한 상품 등이 있다. 다음 페이지의 표는 각 신상품에 대한 특징을 정리했다.

기존 상품을 리뉴얼한 상품으로 테팔 전기주전자를 들 수 있다. 테팔 전기주전자(BI-7125)는 2014년도에 '필요한 만큼만 빨리 끓인다'라는 고객의 숨은 니즈에 크게 히트했다. 그러나 내부에 녹이 스는 결함이 발견되어 품질보증기간에 관계없이 교환 또는 환불해주는 일이 있었다. 이후 리뉴얼 모델(BI-81252A)이 새롭게 출시되어 현재까지 꾸준히 판매되고 있다.

| 시장에서 말하는 신상품 |

분류	특징
완전 신상품	과거 시장에 출시된 적이 없었던 새로운 시장을 창조하는 신상품을 말하며 주로 기술혁신에 의한 새로운 개념의 상품들을 의미한다. (예: 아이팟, 아이폰)
신상품 라인	기존에 판매하고 있는 상품을 확장하거나 카테고리를 다르게 해 상품 믹스의 폭을 넓히는 과정에서 출시되는 신상품을 의미한다. (예: SKII– 탄력라인, 주름라인, 기미/잡티라인, 광채라인, 피부결라인, 마무리라인)
기존 상품 라인에 추가	기업의 기존 상품 라인에 보충하는 신상품으로 가격의 범위나 특징을 달리해 몇 가지 부가가치를 추가하거나 타깃 소비자를 달리해 별도로 출시한 상품을 말한다. (예: 햇반 백미밥 → 햇반 잡곡밥 → 햇반 컵반)
리뉴얼 상품	기존 상품을 개선, 보완해 새롭게 출시하는 상품을 말하며 소비자의 개선 건의 사항이나 소비자 불만 사항을 반영하는 경우도 여기에 속한다. (예: 테팔 전기주전자 → 몸체와 밑판 사이 녹이 스는 결함으로 리콜)
리포지셔닝 상품	이전 출시된 기존 상품이 가지는 시장 내 포지셔닝이 성공적이지 못하거나 경쟁 심화 시장 내에서의 포지셔닝이 부적정한 경우에 만들어진다. 또는 새로운 시장이나 새로운 세분 시장을 표적으로 하는 기존 상품이다. (예: LGT → LG 유플러스 LTE, 제과점 롤케이크 → 편의점 조각 롤케이크)
비용 절감한 상품	프리미엄급 상품의 핵심기능을 보급형 가격으로 제공하는 신상품을 말하거나 더 낮은 원가로 유사한 성능을 제공하는 상품을 의미한다. (예: 농심 컵라면 소컵, 애플 보급형i5)

리포지셔닝 상품으로 조각 롤케이크가 있다. 편의점 조각 롤케이크가 등장하기 전까지 사람들은 롤케이크를 '낱개'로 살 수 없었다. 롤케이크 하나를 '통째'로 사야 했다. 그러나 이제 편의점에서는 롤케이크를 한 조각씩 '낱개'로 판매한다.

야식의 대표주자인 라면은 열량이 높고 소화시키기 부담스러워 꺼리는 사람도 많다. 이런 소비자의 요구에 맞게 비용과 원가를 절감해 컵라면 소컵이 출시됐다. 다이어트를 하는 2030 여성들에게 컵라면 소컵은 적절한 상품이었다.

상품 및 서비스 기획을 위한 시장환경 분석

상품 및 서비스를 기획하기 위해서는 목표 시장의 외형적 매력도(수익성 있고, 경쟁이 약하고, 외부에 영향을 덜 받는 시장)를 수치로 예측할 수 있어야 한다. 시장의 잠재력과 외형적 매력도를 평가하기 위해서는 시장규모 및 성장률, 현재 판매되고 있거나 혹은 기존에 유사하게 판매되고 있는 상품의 수명주기 단계와 계절성, 현재의 수익성 분석 등을 포괄적으로 점검하고 재무적 특징을 반영한 기준을 적용해 평가할 수 있어야 한다.

시장규모 추정

시장규모 추정은 톱다운(Top-Down) 방식과 바텀업(Bottom-Up) 방식을 병행할 필요가 있다. 톱다운 방식은 통계 데이터와 같이 공개된 시장 데이터를 기반으로 하는 것이다. 국가에서 공개한 통계 데이터를 활용할 수 있고 보다 세분화된 시장 데이터가 필요하다면 관련 시장의 플랫폼 사업자(PG사, 카드사 등)에 요청해 상품이 속한 시장의 거래액 비중을 참고할 수 있다.

톱다운의 결과는 바텀업 추정을 통해 검증할 수 있다. 검증은 DART(금융감독원 전자공시시스템)에 공시된 시장 주요 사업자의 매출 데이터를 통해 가능하다. 예를 들어 A라는 산업에 대한 톱다운 시장규모를 5조 원으로 추정했다고 하자. 그런데 해당 A 산업에 속한 1위 사업자의 DART 전자공시 자료의 매출이 2조 원이라면 전자공시로 공개되지 않은 다른 후발 사업자의 매출을 대략적으로 추정해 그 합계가 기존에 추정했던 5조 원에 근사한지 맞춰보는 것이다.

DART 사용 방법

시장규모를 추정하기 위해 DART를 사용하는 방법을 알아보자. 가전제품 국내 시장 규모를 추정할 경우를 들어 설명해보겠다.

1. 메인화면(dart.fss.or.kr)에 접속한 후 상단에 있는 '회사명' 검색창에 '삼성전자'를 검색한다.
2. 읽는 회계에서는 정기공시만 이용해도 충분하다. 정기공시를 선택하면 사업보고서, 반기보고서, 분기보고서 등을 선택

DART
최근공시
공시서류검색
공시정보활용마당
기업개황
공모게시판
최근정정보고서
최근삭제보고서
공시서류검색
회사별검색
통합검색
상세검색
회사별검색
정정보고서검색
펀드공시상세검색
신용평가공시상세검색
비교검색
회사명 삼성전자
최종보고서
기간 20200921 ~ 20210321
1주일 1개월 6개월 1년 2년 3년 전체
검색
정기공시
주요사항보고
발행공시
지분공시
기타공시
외부감사관련
펀드공시
자산유동화
거래소공시
공정위공시
사업보고서
반기보고서
분기보고서
소액공모법인결산서류
등록법인결산서류(자본시장법 이전)
조회건수 15
번호
공시대상회사
보고서명
제출인
접수일자
비고
1 삼성전자 사업보고서 (2020.12) 삼성전자 2021.03.09
2 삼성전자 분기보고서 (2020.09) 삼성전자 2020.11.16
QUICK
오늘 본 공시
사업보고...
삼성전자
오픈다트
기업공시 길라잡이
이용자가이드

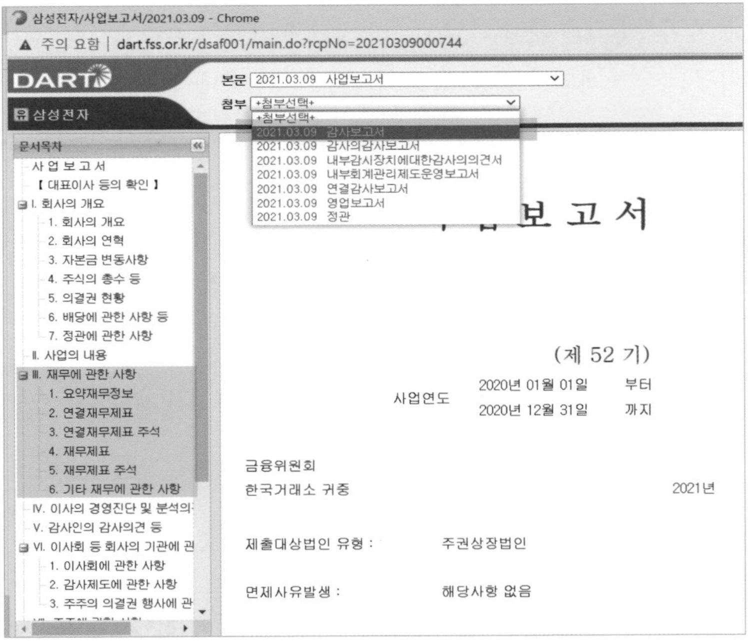
삼성전자/사업보고서/2021.03.09 - Chrome
주의 요함 | dart.fss.or.kr/dsaf001/main.do?rcpNo=20210309000744
DART
삼성전자
본문 2021.03.09 사업보고서
첨부 +첨부선택+
+첨부선택+
2021.03.09 감사보고서
2021.03.09 감사의감사보고서
2021.03.09 내부감시장치에대한감사의의견서
2021.03.09 내부회계관리제도운영보고서
2021.03.09 연결감사보고서
2021.03.09 영업보고서
2021.03.09 정관
문서목차
사 업 보 고 서
【 대표이사 등의 확인 】
I. 회사의 개요
1. 회사의 개요
2. 회사의 연혁
3. 자본금 변동사항
4. 주식의 총수 등
5. 의결권 현황
6. 배당에 관한 사항 등
7. 정관에 관한 사항
II. 사업의 내용
III. 재무에 관한 사항
1. 요약재무정보
2. 연결재무제표
3. 연결재무제표 주석
4. 재무제표
5. 재무제표 주석
6. 기타 재무에 관한 사항
IV. 이사의 경영진단 및 분석의
V. 감사인의 감사의견 등
VI. 이사회 등 회사의 기관에 관
1. 이사회에 관한 사항
2. 감사제도에 관한 사항
3. 주주의 의결권 행사에 관
보 고 서
(제 52 기)
사업연도
2020년 01월 01일 부터
2020년 12월 31일 까지
금융위원회
한국거래소 귀중
2021년
제출대상법인 유형 : 주권상장법인
면제사유발생 : 해당사항 없음

할 수 있다. 5개 서류 영역을 전부 체크하고 다시 '검색'을 클릭하면 그림과 같이 2개의 보고서가 검색된다.

회계 정보만 찾아보고 싶으면 각 보고서에 첨부된 감사보고서를 보면 되는데 감사보고서에는 항상 기업 재무제표가 첨부되어 있다. 상장사의 경우, 사업보고서에 감사보고서가 첨부되어 있다. 2021년 3월 9일 발행된 사업보고서를 클릭한다.

3. 새 창에 사업보고서가 뜬다. '첨부'창을 보면 감사보고서가 나오고 그 안에 재무제표가 있다.

성장률 예측

일반적으로 성장률의 예측은 기존의 유사한 상품의 출시 경험과 매출 관련 데이터를 활용해 산출하거나 소비자의 반응 조사결과를 토대로 성장률을 예측하는 방법 등 다양한 데이터를 활용해 통계적으로 예측하는 방법이 사용된다.

KOSIS(국가통계포털)는 통계 작성 기관이 보유한 통계자료들을 통합데이터베이스에 수록해놓은 곳으로, 국내 모든 통계는 물론 국제와 북한통계까지 확인할 수 있다. 국내통계에서는 고용, 물가, 사회, 인구 등 내가 원하는 주제로 통계를 검색할 수 있는 주제별 통계와 기관별 통계, e-지방지표, 과거·중지통계 등이 있다. KOSIS에 있는 통계들은 출처를 밝히면 상업적인 목적으로 활용할 수 있으니 걱정하지 않아도 된다. 단 국제·북한통계는 비상업적 목적으로만 사용해야 하며 이 경우에도 재배포는 금지되어 있다.

KOSIS 사용 방법

예를 들어 온라인용 1인 가구 소파를 만든다고 가정하자. 그렇다면 시장규모와 성장률을 어떻게 예측할 수 있을까? 먼저 온라인의 시장규모와 온라인 쇼핑 안에서 소파의 상품군을 찾아 규모와 성장률을 확인해야 한다.

메인 화면에서 '온라인간행물'을 클릭한 후 간행물검색창에 '온라인쇼핑동향'을 검색한다. 확인하고 싶은 통계자료를 선택한 후 파일을 내려받는다. 소파는 '가구' 상품군에 속하므로 가구 상품군의 거래액과 최근 3년간의 증감 현상을 확인한다.

그 다음 1인가구 키워드를 넣어 검색해보자. 다양한 통계지표가 나온다. 먼저 전체 1인가구 비율과 가구 수를 확인하고 연령별/지역별/소비지출별로 정리해보면 1인 가구용 소파 상품에 대한 시장규모와 성장률을 예측할 수 있다.

상품이 출시 후에도 소비자 반응과 피드백을 반영한 상품 품질 개선 노력과 시장 확대를 위한 부가적인 상품 출시가 효과적으로 이루어질 때 시너지를 가지고 시장을 확대할 수 있게 된다. 여기에 소비자 집단을 확대하기 위한 세분 시장 분석 노력이 병행된다면

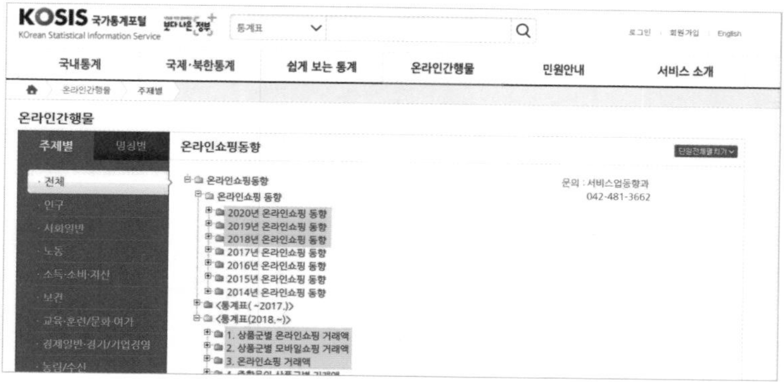
KOSIS 국가통계포털
KOrean Statistical Information Service
국내통계
국제·북한통계
쉽게 보는 통계
온라인간행물
민원안내
서비스 소개
온라인간행물
주제별
온라인쇼핑동향
전체
인구
문의 : 서비스업동향과
042-481-3662
온라인쇼핑동향
온라인쇼핑 동향
2020년 온라인쇼핑 동향
2019년 온라인쇼핑 동향
2018년 온라인쇼핑 동향
2017년 온라인쇼핑 동향
2016년 온라인쇼핑 동향
2015년 온라인쇼핑 동향
2014년 온라인쇼핑 동향
1. 상품군별 온라인쇼핑 거래액
2. 상품군별 모바일쇼핑 거래액
3. 온라인쇼핑 거래액

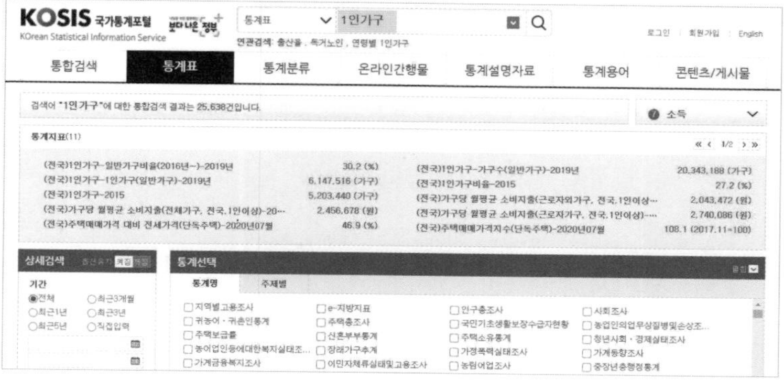
KOSIS 국가통계포털
KOrean Statistical Information Service
통계표
1인가구
통합검색
통계표
통계분류
온라인간행물
통계설명자료
통계용어
콘텐츠/게시물
상세검색
통계선택

매출 신장과 시장 확대를 이루어낼 수 있다.

시장의 규모를 평가하고 산업분석을 하기 위해서는 산업과 관련된 자료조사를 통해 해당 산업의 최근 성장률, 업태별 특징 등 다양한 분석보고서 자료들을 활용한 정보 수집을 먼저 거쳐야 한다. 통계청 및 해당 산업이 관련된 국가 및 공공기관 연구소 등은 보통 매년 해당 산업의 성장과 현황, 그리고 가까운 미래의 예상되는 변화에 대한 분석자료를 내고 있으며, 대부분 자료는 인터넷 등으로 무료로 확인할 수 있도록 하고 있다.

알아두면 좋은 유용한 통계자료사이트

- 국가통계포털: kosis.kr
- 통계청: kostat.go.kr
- 한국무역협회: kita.net
- 금융감독원 전자공시: dart.fss.or.kr
- KB경영연구소: kbfg.com/kbresearch/index.do
- 하나금융경영연구소: hanaif.re.kr
- 학술연구정보서비스: riss.kr
- 정보통신산업진흥원: nipa.kr
- 한국경제연구원: keri.org

산업 관련 자료 수집의 예

다음은 정보통신산업진흥원에서 발표한
2019 3D프린팅 산업 실태조사 및 분석 내용이다.

시장, 생태계

시장 확대가 예상되는 분야(금속, 의료 등)에 신규 서비스 모델 및 수요 창출 필요

기술개발

고부가가치 핵심 분야, 국내 강점 분야 중심의 기술개발을 통한 기술력 제고

인프라 구축, 인력양성

전문인력 양성, 3D 프린팅 산출물의 적용분야별 가이드라인 도출

| 국내 3D프린팅 시장규모 추이, 2017~2019 | (단위: 백만 원)

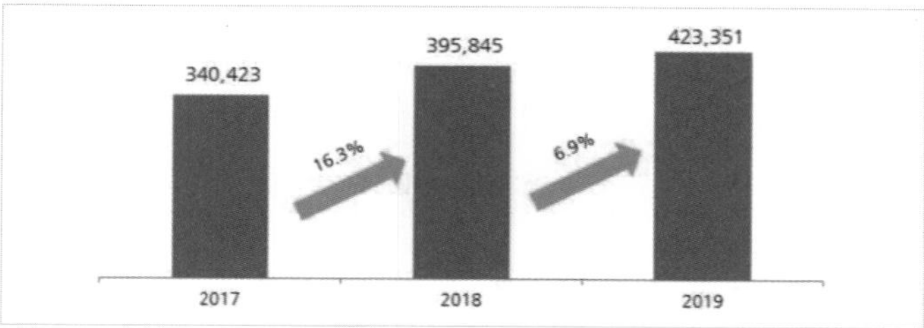

| 국내 3D프린팅 시장환경 분석 |

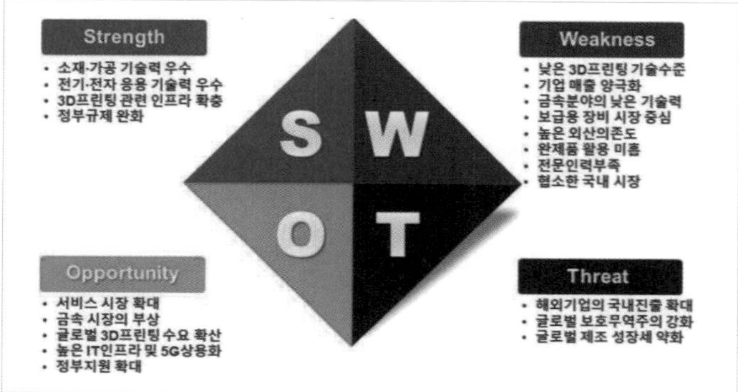

새로운 고객 개척을 위한 트렌드 분석

트렌드는 세상의 큰 변화를 반영한다. 단순히 뭔가를 보고, 읽고, 듣기만 해서는 트렌드를 파악할 수 없다. 세상의 변화를 머리로 확실히 이해해야 하는데 우선 트렌드를 발견하려면 큰 틀을 파악할 필요가 있다. 트렌드는 지속하는 시간적 길이와 동조하는 소비자의 범위에 따라 패드(FAD), 마이크로트렌드, 메가트렌드 등으로 구분할 수 있다.

갑작스럽게 왔다 사라지는 패드

패드는 'For A Day'의 약자로 일시적으로 떴다가 사라지는 유행을 말한다. 사전적 해석은 '변덕'이고, 영어에선 'craze-, 미치게하다 또는 발광하다'로 역시 반짝 유행을 의미하고 있다. 훌라후프, 마카레나 춤처럼 순식간에 폭넓은 인기를 누렸지만 곧 사라져버리는 일시적 유행을 패드라 부른다.

10년의 지속성, 메가트렌드

메가트렌드는 전 세계 사람들이 동조하며 10년 이상 지속되는 경향을 의미한다. 세계적으로 수행되고 있는 미래연구와 전략들은 미국, 일본 및 영국 등 선진국을 중심으로 정기적인 글로벌 트렌드 리포트로 발간되고 있다. 그외 UN 등 국제기구와 학계, 민간 연구소 및 산업 연구소 등에서도 꾸준히 메가트렌드와 관련된 연구를 실시하고 있으며 이러한 자료들은 인터넷 검색 등을 통해 공유되고 있다.

메가트렌드 스케치

메가트렌드 관련 자료를 바탕으로 미래의 소비자 행동에 대한 방향성을 예측해볼 수 있다. 개발하고자 하는 상품이나 서비스 영역과 관련이 있는 트렌드를 중심으로 다양한 연구자료를 살펴보면서 트렌드 스케치를 작성하는 것이다.

예를 들어 환경 상품을 개발한다고 가정한다면 먼저 관련성이 높은 메가트렌드를 선정하고 목록을 작성해 이슈 점검표를 만든다. 다음 페이지에 나오는 이슈 점검표는 환경과 관련된 메가트렌

| 이슈 점검표(예시) |

메가트렌드	트렌드	관련 이슈	주요 현상	파급 범위	연관성
에너지 위기	친환경·지속 가능한 식품 산업	• 대체육 • 제로 웨이스트 패키징	• 채식 • 제로 웨이스트 미션	3중고(경제/고용/환경) 극복을 위한 녹색 뉴딜사업 부상	신재생/대체 에너지

결론: '에너지 위기'는 향후 식품 분야를 꿰뚫는 메가트렌드다. 친환경·지속가능한 식품 산업 트렌드가 되면서, 대체육의 관심과 '제로 웨이스트' 패키징이 대세로 떠올랐다. 이는 재활용이나 자연 분해가 가능한 소재를 사용해 식품 포장에 드는 자원 낭비와 폐기물을 최소화하고, 육고기 가공 공장의 가동이 멈추며 환경오염을 줄이는 것을 목표로 한다.

| 15대 메가트렌드 도출 |

분야	메가트렌드	내용
S (사회)	인구구조의 변화	세계인구 증가, 국가별·지역별 인구증가 / 정체 / 감소가 각각 진행, 저출산·고령화 문제 등
	양극화	국가 간 / 기업 간 / 고용구조 양극화, 경제적 양극화에 따른 교육 기회의 차별화, 취약계층에 대한 사회책임 문제 등
	네트워크 사회	사이버 공동체 활성화, 영토국가에서 네트워크 국가로 전환, 정보 독점 및 정보의 평준화 등
T (기술)	가상지능공간	사이버 공간과 물리적 공간 간 상호작용 증대, 증강현실, 실감형 콘텐츠 등
	기술의 융복합화	기술—산업간 융복합화, 전통산업과 신기술의 융합 등
	로봇	휴머노이드 로봇, 군사용 로봇, 나노 로봇, 정서 로봇 등
E (경제)	웰빙/감성/복지 경제	고령화·글로벌화에 따른 삶의 질 중시, 신종 질병 / 전염병 증가에 따른 건강문제 대두 등
	지식기반경제	경제의 소프트화 현상 심화, 정보·서비스·콘텐츠 등 무형자산 시대 도래, 지식경영 확산, 디지털 중심의 산업 재편 등
	글로벌 인재의 부상	글로벌화에 따른 멀티플레이형 인재, 지식경쟁력 부상, 창의력과 감성의 부각 등
E (환경)	기후변화 및 환경오염	환경오염과 기상이변에 따른 환경안보 부각, 국제 탄소거래제도, 물 부족 문제 등
	에너지 위기	화석에너지 및 자원고갈 심화, 지속가능한 에너지 체제로의 전환, 대체에너지 개발 등
	기술발전에 따른 부작용	인간·윤리문제와 기술의 충돌, 기술 패권주의, 개인정보 보호 및 불건정 정보의 부작용 문제 등
P (정치)	글로벌화	이동성 증가, 인력 및 자본 이동, 국제공조 확산, 다문화 및 이종 문화 등
	안전 위험성 증대	신종 질병 및 전염병 확산, 핵 확산, 대량살상무기 확산, 경비산업 성장 등
	남북통합	남북한 경제협력, 북한문제의 국내화 및 급변화, 북한의 불확실성 등

출처: 김성태, 〈한국 사회의 15대 메가트렌드〉, 한국정보화진흥원, 2010

드인 '에너지 위기'를 주제로 한 것이다.

이외에도 현재 많은 이들의 주목을 받고 있는 메가트렌드 15개를 표로 정리했다. 각 내용을 살펴보고 기획 단계에서 고민하고 있는 상품과 어떻게 연관성을 맺을 수 있는지 살펴보자.

마이크로트렌드의 탐색

미래에 대한 보다 큰 시각으로 살펴본 변화가 메가트렌드라면, 구체적으로 상품이나 서비스의 개발로 연결시키기 위해서는 소비자 니즈에 기반을 둔 명확한 목표시장으로서의 의미가 있는 마이크로트렌드를 발굴하는 것이 중요하다.

일례로 우리나라에서도 꾸준히 증가하고 있는 '채식하는 아이들'의 마이크로트렌드를 알아보자. 최근 기록적인 폭우, 따뜻한 겨울, 대형 산불 등 이상기후 경험으로 개인이 환경오염을 줄이기 위해 할 수 있는 가장 직접적인 방법 중 하나로 육류와 유제품 섭취를 줄이 등 식습관 개선이 대두되고 있다. 그래서 채식과 대체 육류 식품에 대한 관심이 급증하고 있다.

| ‘채식하는 아이들’ 마이크로트렌드에 따른 상품 및 서비스의 예 |

채식용품			채식을 위한 서비스	
구분		현황	구분	내용
	햄버거 패티	만두, 햄, 콩고기, 밀고기, 무오신채, 두부고기	채식 레시피	맛도 좋고 건강도 챙기며 10분 만에 완성하는 맛있는 채소 요리
	감자 짜장면	라면/국수, 견과류, 음료, 과자		
	국물맛내기 비건스톡	오일/소스, 채식조미료, 향신료, 밥/죽/반찬류	채식 식당 검색 서비스	내 주변 채식 맛집 정보도 얻고, 지도로 한눈에 보는 채식 식당 가이드
	파운드 케이크	비건 빵, 잼		
	그래놀라	곡물음료, 곡물시리얼, 건강 분말, 곡물파우더 등	채식 반찬 배송 서비스	채식인을 위한 집밥 서비스
	그릭 요구르트	유산균, 유산균 케이크, 콤부차, 요구르트 메이커 등		

키워드로 보는 니즈 정보

국내 유명 포털사이트 뉴스란에 ‘환경’이라는 단어를 검색하면 기사가 1,128만 건 이상 쏟아진다. 인기 K-POP그룹 ‘BTS’와 ‘방탄소년단’ 단어로 총 61만 건, ‘대통령’ 키워드로 910만 건의 기사가 검색된다는 점을 감안하면, 환경 문제에 대한 세상의 관심이 어느 정도인지 직관적으로 알 수 있다.

아울러 SNS상의 페이스북, 인스타그램, 블로그, 유튜브, 틱톡,

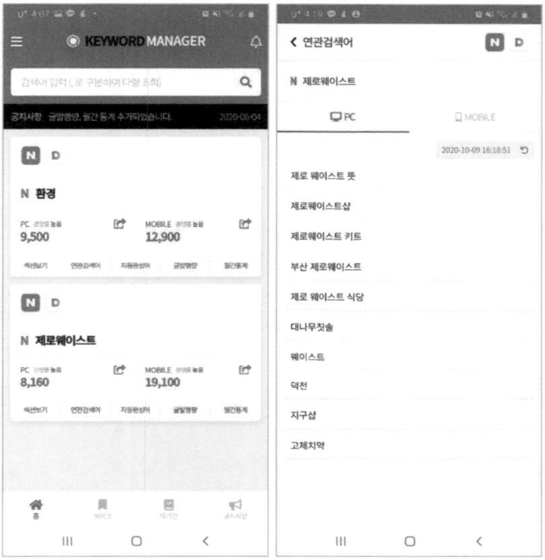

키워드 정보를 한 번에 볼 수 있는 앱 '키워드매니저'

트위터, 밴드 같은 디지털마케팅 채널의 세부내용에 타이틀 태그, 메타 태그, 상세설명 내 주요 키워드, 소비자 구매 후기 키워드, 기타 태그를 통해 고객의 니즈(Needs), 원츠(Wants), 디맨드(Demand)가 무엇인지 정보를 모아 서비스를 개발한 기업은 그러지 않은 기업에 비해 높은 소비자 만족도와 매출을 얻게 된다.

소비자들이 찾는 단어에 관심 갖기

'키워드매니저'는 원하는 키워드를 검색하면 PC검색량, 모바일 검색량, 연관키워드, 글 발행량, 월간통계 등 키워드 정보를 한 번에 볼 수 있는 모바일 앱이다. 특히 블로그를 시작한 사람들에게

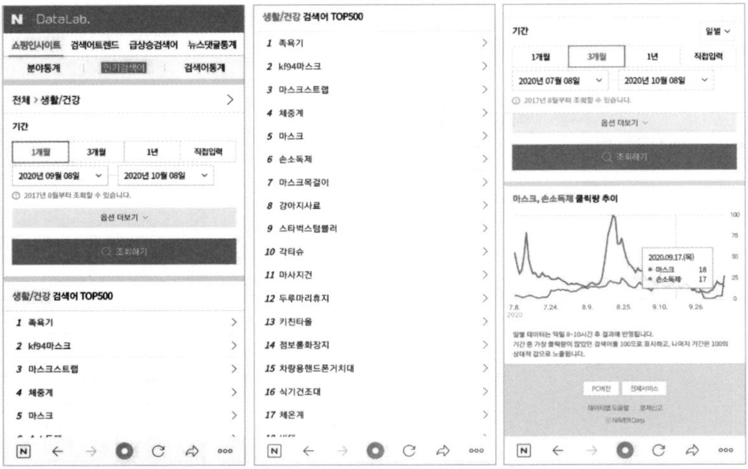

카테고리별 검색 트렌드를 제공하는 '네이버 데이터랩'

블로그 제목에 어떤 키워드를 써야 상위 노출이 잘 되는지에 대한 고민을 해결해 주는 유용한 앱으로 많이 알려졌다.

소비자들이 찾는 단어가 마케팅 핵심

'네이버 데이터랩'은 네이버의 검색 트렌드 및 급상승검색어 이력, 쇼핑 카테고리별 검색 트렌드를 제공한다. 바로 요즘 사람들의 관심의 흐름이 어디에 있는지 파악할 수 있어 핵심 키워드를 발굴할 수 있다.

소비자들이 찾는 품목이 상품경쟁력

'아이템스카우트'는 키워드 검색량을 바탕으로 온라인 판매자들

상품 경쟁력 판단에 유용한 '아이템스카우트'

이 상품을 소싱하기 전에 어떤 상품을 판매하는 것이 가장 경쟁력이 있는지 판단할 때 유용한 툴이다. 판매자는 시장의 흐름과 추이를 늘 조사해가면서 아이템을 선정해야 하기에 사람들이 많이 검색하면서 판매하는 사람이 적은 상품들을 위주로 소싱할 수 있고 처음부터 상품의 구매 확률을 높일 수 있다.

앞에서 살펴본 트렌드와 니즈는 긴 시간 동안 사람들의 마음과 소비 행동에 영향을 미치는 중요한 요인이다. 세상의 변화와 소비 트렌드를 이해하는 과정은 새로운 상품이나 서비스의 성공 가능성을 높이고 잘못된 상품 기획이나 실패를 최소화할 수 있도록 새로운 아이디어와 상품개발의 기획 방향을 다듬고 확장시키는 데 유용한 도움을 줄 것이다.

알아두면 유용한 키워드 분석사이트

- 구글 트렌드: trends.google.co.kr
- 셀퍼: sellper.kr
- 스타태그: startag.io
- k-ict 빅데이터센터: kbig.kr/portal/kbig
- 구글 키워드 플래너: ads.google.com/home/tools/keyword-planner

상품화할 수 있는 새로운 가치 탐색

최근 소비자의 개성이 뚜렷해지고 라이프스타일도 다양화되면서 소비자의 태도나 소비 행동 자체도 다양하게 변화하는 추세에 있다. 사회가 발전하고 생활 수준이 향상되면서 소비자들은 스스로 심리적인 만족감을 높여줄 수 있는 자신만의 삶의 방식을 찾고, 점점 더 강하게 영향을 받는 현상이 나타나고 있다.

감성을 중시하는 소비 형태가 강화되는 가운데 빠르게 변화하는 시장에서 소비자의 마음을 읽는 것은 매우 중요하다. 아무리 성능과 기능이 뛰어난 상품이라도 소비자가 인정해주지 않으면 시장에서 바로 퇴출되기 때문이다. 소비자는 니즈에 의해 형성되는 상품의 효용 가치를 사는 것으로 소비가치는 니즈를 충족시켜주는 소비자 편익(Benefit)이며, 고객가치와도 비슷한 개념이다.

고객가치는 고객이 어떤 가치를 추구하느냐에 따라 기능적 가치, 감성적 가치, 정신적 가치로 나누어진다. 우리가 만들어내는 대부분의 고객가치는 이 세 가지 핵심 요소를 복합적으로 가지고 있다. 이 핵심 가치들을 어떻게 블렌딩하느냐에 따라 고객가치의 맛과 향이 달라진다.

- 기능적 고객가치: 기능/성능, 품질/맛, 가격
- 감성적 고객가치: 디자인, 분위기/멋, 서비스
- 정신적 고객가치: 희소성, 신분의 상징, 브랜드 품격

결국 소비자는 상품을 사는 것이 아니라 여러 가지 속성(Attribute)의 덩어리를 사는 것이다. 소비자의 니즈를 충족시켜주는 성질로써 상품의 구체적인 특성, 상품 특성이 수행하는 기능, 소비자에게 주는 혜택이 결국 소비자의 궁극적 가치가 되는 것이다.

문제 인식

'곤충을 누가 먹어보겠어' 하는 마음으로 주변 사람들에게 무료 시식을 권했는데 반응이 좋아 회사를 설립하게 됐다는 '퓨처푸드랩'. 당시 유엔식량농업기구(FAO)에서 식용곤충이 미래 식량의 대체자원이 될 것이라는 방대한 양의 보고서가 이슈가 되어 식량위기 대안으로 식용곤충을 평범한 식재료 중 하나로 여기도록 곤충 기반 단백질을 중심으로 대체 단

백질 식재료 시장을 넓히고자 했다. 그러나 사업시장에서 '곤충에 대한 인식'이라는 가장 큰 한계점에 부딪치게 되었다. 그래서 쿠키, 스프, 파스타 등 다양한 음식을 만들어 소개하고 장점을 꾸준히 블로그 등에 올리고 소통하며 편견을 줄여나갔다.

퓨처푸드랩의 베스트셀러 '고소애'는 세브란스병원의 암 환자식 연구결과가 알려지면서 건강식/환자식으로 각광받고 있다. 겉모습 때문에 일반 고소애(밀웜)를 먹기 힘들어하는 사람들에게는 가루 형태의 타입도 있어 쉽게 먹을 수 있도록 했다. 반찬이나 요리에 다양하게 활용하거나 요거트나 두유에 섞어 먹는 등 활용하는 방법이 무궁무진한 것도 특징이라고 할 수 있다.

그 외 식용곤충을 이용한 스낵, 프로틴바, 시리얼, 건조유충 등을 개발·판매하고 있다. 지난해 출시한 시리얼 상품인 '퓨처리얼'은 영지버섯과 갈색거저리 유충, 쌍별귀뚜라미 등을 재료로 만들

밀웜(고소애)은 유엔식량농업기구(FAO)에서 미래 식량자원으로 주목받고 있다. 그냥 먹으면 건새우 맛이 나고 식품에 넣으면 고소한 맛이 난다.
출처: 이더블버그(edible-bug) 홈페이지

어졌다. 이 시리얼은 기존 콘시리얼 대비 최대 2.5배의 단백질을 포함하고 있다. 곤충 단백질을 품고 있어 필수 아미노산 섭취가 용이하다.

이처럼 새로운 상품이나 서비스를 처음 선보일 때는 고객들이 필요로 하는 실질적인 가치를 만들어내지 못하면 고객의 선택을 받기가 어렵다. 곤충하면 우선 떠올리는 것이 해충이었기 때문에 이것을 먹거리로 만들어 시도해보려는 사람 자체가 적었을 것이다. 그럼에도 그것을 문제의 해결책(새로운 가치)으로 바라보고 실행으로 옮기고 끊임없이 시도했기에 '가치 있는' 다른 새로운 무언가가 탄생한 것이다.

사회적
가치

코로나 팬데믹이 사람들에게 '지속가능한 환경' 과 '더불어 사는 삶' 의 중요성을 각성시켰다. 이에 따라 자신만의 신념과 가치관으로 무장한 소비자인 MZ세대가 소비의 주축으로 자리 잡으면서 '가치 소비'가 포스트 코로나 시대의 뉴노멀로 부상했다. 그러면서 개인의 취향을 넘어 사회적, 정치적 신념을 표출하는 '미닝아웃(Meaning Out)' 현상이 대두되고 있다.

단순히 욕구를 충족시키기 위해 재화를 소비하는 시대는 지난 지 오래다. 개념 소비자는 사회적 행동을 중요시한다. 문제가 된

기업의 상품은 소비자끼리 연대해 불매운동에 나선다. 개념 소비자는 윤리적 소비를 지향한다. 공정무역, 동물복지 인증, Non-GMO(유전자 변형 농산물) 상품을 선호한다. 다른 상품에 비해 더 비싼 가격을 지불하더라도 기꺼이 구매에 나선다.

> 직장인 엄수인(가명) 씨는 최근 공정무역 등 착한 소비에 관심을 가지고 있다. 커피를 주문할 때나, 간단한 파우치를 구매할 때면 판매 수익금의 일부를 사회에 환원하는 판매처를 극구 찾아 나선다. 엄씨는 "바쁜 일상 탓에 봉사활동까지는 못하지만, 소비정도는 착하게 할 수 있지 않나 생각이 든다"며 "올해는 남미의 어린이들의 교육을 지원해주는 판매처에서 팔찌를 구매해 지인들에게 선물했다"고 말했다.
>
> – 조효윤, 〈돈이라도 착하게 쓰자…'개념 소비' 뜬다〉, 아시아경제, 2017. 10. 1.

> 영화배우 톰 하디의 팔목에는 작은 팔찌 하나가 채워져 있습니다. 한국 팬이 보낸 선물로 남다른 의미를 담고 있는데요, 사회적 기업 마리몬드에서 제작한 이 팔찌의 이름은 '평화의 소녀상 팔찌'로, 일본군 위안부 할머니들을 후원하고 위안부 문제를 해결하기 위해 노력하는 의미가 담겨 있습니다. 선물을 보낸 팬은 자신의 SNS 계정을 통해 당시 보낸 팔찌와 편지 사진을 공개했는데, 편지에는 '그들은 태평양 전쟁의 피해자이며 여전히 싸우고 있다'는 팔찌에 대한 설명과 함께, '당신이 이걸 차 준다면 엄청난 위로가 될 것이다. 정치적으로 받아들이지 말아 달라'는 메시지를 전했다고 밝혔습니다. 누리꾼들은 '선물한 팬도, 직접 착용해준 톰 하디도 멋지다', '이야말로 개념탑재한 성공한 덕후!' 등의 반응을 보였습니다.
>
> – 〈'매드맥스' 톰 하디…'평화의 소녀상' 팔찌 화제〉, SBS 뉴스, 2017. 5. 31.

마리몬드 '평화의 소녀상 팔찌'
출처: 위키트리

마리몬드는 인권을 위해 행동하고 폭력에 반대하는 라이프스타일 브랜드로 인권운동가인 일본군 위안부 피해 할머니의 삶에서 영감을 받아 시작되었다. 매년 11월이면 아동 학대와 여성 폭력문제를 알리는 다양한 전시와 이벤트를 운영하고 여성과 아동의 이야기를 담은 상품을 판매하면서 지켜가야 할 가치를 담은 디자인 상품과 콘텐츠, 적극적인 행동을 통해 실제적인 변화를 만들어 갈 수 있도록 경험을 제공한다.

이외에도 온라인 기부 포털에서 진행되는 펀딩이 인기리에 종료되고 있다. 판매 수익금 일부를 도움이 필요한 이들에게 나눌 수 있다는 '개념 소비'가 사회 전반에 자리를 잡으면서 나타난 긍정적인 결과다.

자신이 소비하는 상품을 통해 사회를 돌아보고 변화에 참여시키는 개념 소비를 지향하는 소비자들이 늘자, 대기업 패션업체도 이에 부합하는 상품을 만드는 데 노력한다. 최근에는 화학 성분에 민감한 소비자들이 증가하면서, 친환경 공정 기법과 친환경 소재의 사용을 강조하고 있다.

앞으로 MZ세대에게 사랑받고 싶은 브랜드가 되고 싶다면 상품과 사회적 가치를 연결해보자. 소비자들에게 상품을 통해 사회를 변화시키는 '기회'를 팔 때 상품의 품질, 가격은 오히려 사소한 요소가 되어버리는 무시무시한 패러다임의 전환이 일어나게 될 것이다.

2개의 조합으로 만들어낸 강력한 개성

우리는 하고 싶은 모든 것을 하는 데 장애물이 존재하지 않는 시대를 살아간다. 또한 물리적인 오프라인 공간에서 '온라인(Online)'이라는 비현실적인 차원으로 국가의 인프라와 비즈니스 시스템, 인간적 교류가 옮겨감에 따라, 초 단위로 내가 원하는 것을 찾고 구매하고 경험하며 교류할 수 있는 초고속 사회를 살아가는 중이다.

그래서일까? MZ세대들에게 '편리성'이라는 가치는 그들의 관심사가 아니다. 편리함보다는 '펀(Fun)함', 곧 즐거움(Entertainment)이 더 중요한 사람들이 바로 MZ세대다. 최근 '뉴트로(Newtro)'가 새로운 트렌드로 떠오른 배경도 편리함보다는 개성, 색다름에서 오는 즐거움을 더 추구하는 가치관이 새로운 문화·비즈니스를 발현시킨 것으로 해석해볼 수 있다.

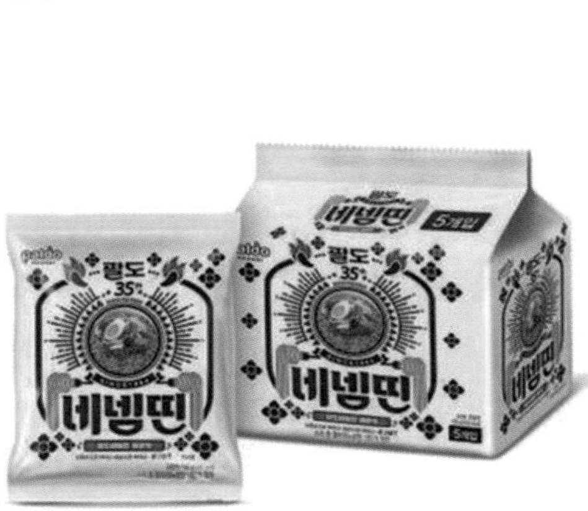

팔도 비빔면 '괄도네넴띤' 500만 개 완판
출처: 쿠팡(coupang) 홈페이지

최근 10~20대 젊은 층에서 멍멍이를 '댕댕이'로 명작을 '띵작'으로 표기하는 등 기존 단어를 비슷한 모양의 글자로 변형해 재치 있게 표현하는 방식이 유행했다. 위 이미지는 팔도에서 2019년도에 35주년 기획상품으로 출시한 '괄도네넴띤'이다. 괄도네넴띤이란 '팔도비빔면'이란 글자 모양이 괄도네넴띤과 비슷하다는 뜻에서 붙여진 이름이다.

팔도 관계자는 "젊은 층에게 '팔도 비빔면' 브랜드를 알리기 위해 이 신조어를 한정판 상품에 적용했고 호응을 얻어 판매가 늘었다"면서 "기존 비빔면 대비 5배가량 매운맛도 소비자들의 입맛을 사로잡았다"고 설명했다. 실제 '괄도네넴띤' 출시 이후 소셜미디어와 동영상 공유 사이트에는 '괄도네넴띤' 구매 인증 사진과 함께 매운맛에 대한 후기를 올린 게시물이 쏟아졌다. 이후 '괄도네넴띤'에 대한 관심은 원조 상품인 '비빔면'의 판매 증가로도 이어졌다고 회사 측은 밝혔다.

언젠가부터 ‘케미(Chemi)’라는 말이 유행하기 시작했다. 케미는 ‘화학반응’을 의미하는 케미스트리(Chemistry)의 줄임말로 서로의 스타일, 또는 보완적 형태의 캐릭터가 딱 들어맞아서 시너지를 내는 사람이나 상품을 말한다. 치킨과 맥주의 조합인 치맥이 대유행하면서 마케터들에게 영감을 주었고, 이런 조합이 본격적으로 마케팅에 활용되면서 ‘케미 마케팅’이 확산되기 시작했다.

그런데 이렇게 섞기만 하는 것이 아니라 이미 섞은 상품을 출시하는 경우도 있다. 바로 서로 다른 상품, 서로 다른 캐릭터가 횡적으로 결합하면서 생겨나는 그래서 기존에는 경험해볼 수 없는 새로운 가치가 생겨나기 때문이다. 별로 어울릴 것이라 예상하지 못했던 유자와 소주가 합쳐진 ‘순하리’가 출시되면서 대중들의 선풍

선풍적인 인기를 끈 ‘순하리 유자’와 미국에서 선보인 ‘순하리 요구르트’. 순하리 요구르트는 특유의 새콤달콤한 맛을 살린 상품으로 미국에서 순하리 유자, 복숭아, 사과, 딸기에 이어 다섯 번째로 선보이는 순하리 시리즈다.
출처: 롯데칠성음료(lottechilsung) 홈페이지

적인 인기를 얻었다.

서로 '윈-윈'할 수 있는 컬래버레이션 사례들이 주목받고 있다. 컬래버레이션은 전략적 제휴의 일종으로 '공동작업'이라는 개념을 바탕으로 사용되고 있으며, 특히 '지적인 노력을 위해 협력해서 일하다'라는 의미를 가지고 있다. 공동작업의 범주는 기술의 개발에서부터 디자인, 연계 상품의 생산에 이르기까지 광범위하다.

똑같은 상품이나 서비스라고 해도 익숙한 캐릭터가 부착되어 있을 경우 훨씬 더 사용자들의 이목을 쉽게 끌 수 있다. 또한 자신의 향수를 자극하거나 애착을 느끼는 대상에 아낌없이 투자하는 소비 성향이 보편화되면서 이미 충성 고객을 확보하고 있는 인기 캐릭터를 상품에 접목시켜 차별화를 꾀할 수 있다.

패션 브랜드와 식품 브랜드의 만남, 독특한 레트로 컨셉 차용 등 이색적인 굿즈 상품들이 쏟아지고 있는 상황 속에서 소비자들

휠라 X 우왁굳
출처: 휠라(fila) 홈페이지

의 시선을 사로잡기 위해 굿즈도 진화를 하고 있다. 로고나 캐릭터 디자인이 적용된 것을 넘어서 굿즈 외관 자체부터 독특한 형태로 디자인되는 상품들은 물론 콜라보의 범위도 넓어지고 있다.

최근 많이 볼 수 있는 콜라보 굿즈 유형은 상품의 외관을 그대로 디자인에 적용한 '리얼쉐이프' 형태의 굿즈다. 젤리나 호빵 모양의 쿠션처럼 단순히 로고나 캐릭터를 디자인에 적용하는 것을 넘어 식품 외간을 그대로 묘사해 이색적인 재미를 주는 것이 특징이며 식품의 질감이 표현돼 식감을 자극한다 해서 '식감 굿즈'라는 애칭도 붙는다.

굿즈 경쟁이 치열해지면서 콜라보의 범주도 넓어지고 있다. 식품과 패션 업체의 협업이 한 동안의 트렌드였다면 최근엔 맛집과 보일러 등으로 범위가 넓어지고 있다. 이색적인 조합을 통한 재미를 주기 위함이다.

유니크한 디자인과 재미있는 콘셉트의 굿즈 상품은 SNS에 자랑하고 싶은 MZ세대들의 소유욕을 자극하고 자신의 특별함을 입증하기 위해 한정판에 더욱 열광한다. 따라서 서로 다른 2개의 조합은 상품을 더욱 독특하고 확실하게 포지셔닝되도록 만들고, 단일 브랜드 각각의 신상품 개발의 경우보다 시간과 비용을 절감해준다. 또한 차별화되지 못한 상품군들에 있어서 합리적인 상품을 창출해 낼 수 있는 중요한 수단이자 새로운 가치를 창조해 낼 수 있는 아주 강력한 도구로 작용한다.

삼립호빵 X 하이드아웃
두 브랜드가 만나 '올겨울 어떻게 하면 대한민국을 더 따뜻하게 해줄 수 있을까?'라는 고민에 고민을 거쳐 탄생한 쿠션, 머플러, 버킷햇 3종으로 구성된 방한 3종 세트.
출처: 코오롱몰(kolonmall) 홈페이지

경동나비엔 X CU
보일러로 유명한 경동나비엔과 편의점 CU는 핫팩과 장갑 등 방한용품 10종을 출시했다.
출처: 씨유(cu.bgfretail) 홈페이지

아이디어 취합과 콘셉트 개발

시장이 성숙해가는 과정에서 기업이 안정된 수익을 확보하며, 성장·발전해 가기 위해서는 시장에 적합한 신상품을 기획·개발하고 새로운 시장을 개척해나갈 필요가 있다. 그러나 시장이 성숙해간다는 것은 전체적으로 성장할 기회가 적다는 것을 의미한다. 성능, 가격에 있어서 경쟁이 격화되는 가운데 종래와 같은 발상의 연장선상으로는 타사와 차별화된 신상품 개발은 어렵다.

신상품 개발은 기획, 설계, 시작, 양산화와 후공정으로 이루어지는 만큼 막대한 비용이 들기 때문에 가능한 기획 단계에서 개발 여부가 결심될 수 있도록 할 필요가 있다. 그리고 그 신상품은 어떻게 하면 팔릴 것인가, 누구에게 어느 정도 팔릴 것인가를 인식하면서 기획을 추진해야 한다. 그러면서도 신중이 너무 지나쳐서 좋은 아이디어를 묻어버리는 경우를 피해야 한다. 즉 이 아이템이 세상에 나왔을 때 성공 가능한 것이라는 확신을 주는 계획을 세워야 한다. 이런 의미에서 '신(新)'이라는 말이 붙는 계획을 세우는 건 까다롭다.

아이디어 취합

아이디어를 취합해 신상품 기획서를 만든다는 것은 다양한 새로운 속성들을 어떻게 고객 편익으로 활용하고, 최종적으로 소비자들이 만족한 가치를 느끼도록 할 수 있을까를 고민하는 과정이다. 여기서 중요한 것은 자사의 강점과 같은 개념적 평가 기준을 기본으로 한 아이디어 중에서, 한 가지라도 독창성을 가진 것을 골라야 한다. 또한 아이디어 자체의 가치가 소비자 관점에서 핵심 편익 또는 매력적인 부가 편익으로 받아들여질 수 있는지 판단해야 한다.

아이디어 취합 단계에서는 실현 가능성이나 투입되어야 하는 자원 등 현실적인 부분을 반영해 기준을 마련해야 한다. 그리고 기준에 따라 적정한 아이디어를 선정하는 작업이 필요하며, 선정되지 않았다고 할지라도 다양한 마케팅 전략을 수립하는 과정에서 혹은 다음 개발에서 활용될 가능성이 있는 아이디어들을 따로 취합해서 계속 수정·보완해 나가는 것이 필요하다.

먼저 다양한 아이디어 목록을 만든 후, 토의와 자료 보완을 통해 우선순위를 정하면서 아이디어를 취합할 수 있다. 아이디어 목록을 만든 후에는 아이디어가 포함하고 있는 소비자 니즈와 트렌드, 목표 고객의 특징 등을 자세하게 정리해둔다.

콘셉트 개발

보편적인 상품이 설 자리는 줄어들고 무한히 세분되고 파편화된 콘셉트가 영역을 넓히고 있다. 산업의 발달로 상품의 보편적 품질이 상향 평준화된 까닭도 있다. 더는 '품질'을 내세워 차별을 꾀하기 어려워진 것이다.

사실 콘셉트를 어떻게 잡을 것인가는 예전부터 상품과 기업의 운명을 좌우하는 요소였다. 달라진 것이 있다면 과거엔 기능과 품질이 우선이었고 이를 잘 전달하기 위해 콘셉트가 덧씌워졌지만, 이제는 콘셉트가 가성비, 품질, 브랜드를 압도한다는 것이다.

콘셉트는 '다른 상품이 아닌 바로 이 상품을 사야 할 이유'를 소비자에게 제시하는 것이다. 사야 할 이유란 소비자가 필요로 하지만 다른 곳에서는 구할 수 없는 차별화된 상품을 말한다. 그런데 중소기업은 상품을 개발하기에 앞서 콘셉트를 개발한다는 개념을 갖지 않는 경우가 많다.

콘셉트를 만들 때 3가지 요건

표적고객에게 중요한 가치를 주는 것이어야 한다

'신선하다' 혹은 '맛있다' 등의 개념은 중요하기는 하지만 이미 익숙한 개념이기 때문에 그것이 어떤 중요한 가치로 고객에게 다가가기란 쉽지 않다. 중요한 가치임이 명확하게 느껴지도록 해야 한다. 예를 들어 탈모약의 경우 '자신감'이라는 개념은 표적고객인 중장년에게는 대단히 중요한 가치를 지닌 개념이 될 수 있을 것이다.

너무 평범하면 안 된다

다른 상품과 차별화될 수 없다면 개념만으로는 곤란하다. 독특성이 있어야 한다. 맥도널드, 버거킹 등과 같은 패스트푸드점을 보자. 이들의 개념은 '간편성'과 '서구적인 맛'이라는 독특성으로 표적고객인 청소년 및 밀레니얼 세대층을 유혹하고 있다.

구체성이 있어야 한다

구체성이 없으면 표적고객이 개념을 이해하기 어려워 상품에 쉽게 접근하지 못한다. 예를 들어 '장을 건강하게 한다'라는 개념보다는 '프리바이오틱 보충제 섭취와 정기적으로 운동을 하면 장 건강 증진에 도움이 된다'가 훨씬 구체적인 개념으로 소비자에게 다가갈 수 있다.

남자답다고
소문난 두부

일본 '오토코마에 두부'는 출시 1년 만에 시장을 장악, 일본 히트상품 6위에 당당히 이름을 올렸다. 이 상품은 중소기업에서 개발한 것으로 '오토코마에 두부'란 다름 아닌 '남자다운 두부'라는 뜻이다.

두부에도 남다른 철학이 필요하다고 생각한 중소기업 두부회사 사장이 궁리해낸 것이 바로 '남자다운 두부'였다. 당도를 높여 젊은 층의 입맛을 잡았고 무게는 두 배로 만들었다. 포장지에는 큼지막한 검정색으로 '男(사내 남)'자를 써넣고 독특한 남성 얼굴도 새긴 파격 디자인에 '배신하지 않는다!'라며 광고를 해댄 이 특이한 두부는 싸구려가 판치던 일본 두부 시장에 일반 두부의 세 배나 되는 가격 정책을 도입했음에도 불티나게 팔렸다.

그런데 이 회사는 '오토코마에 두부'를 출시하기 전에도 두부를 차별화하려고 여러 가지 노력을 기울였다. 두부의 형태를 바꾸기

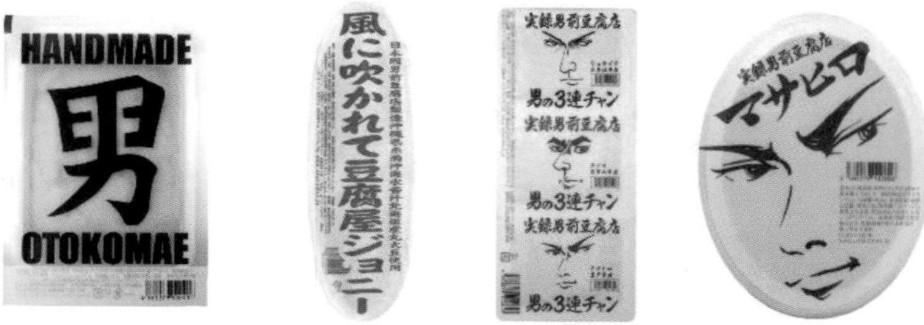

오토코마에 두부
출처: 구글

도 했고 재료를 바꾸어 보았지만 모두 실패했다. 그런데 이번엔 왜 성공했을까? 그전에는 콘셉트를 먼저 만들지 않고 그냥 상품의 물리적 속성만 바꾸었기 때문에 실패했던 것이다. 이렇게 해서는 소비자들의 인식에 영향을 줄 수 없다. 품질이 좋아졌다는 느낌을 갖기 위해서는 물리적인 상품의 개선만으론 불충분하다.

이 회사가 성공할 수 있었던 차별화 콘셉트는 첫 번째는 바로 이름, 브랜드를 혁신했다. 말랑한 두부를 남자의 식품이라고 강조해 '남자를 위한 두부'를 콘셉트로 고객의 눈길을 끌었다. 건강에 좋고 다이어트에 좋고 여성의 전유물로 생각되기 쉬운 두부에 새로운 옷을 입혀 혁명을 불러왔다.

두 번째는 상품 모양과 포장, 용량부터 바꾸었다. 일반적으로 두부의 모양은 네모지만 '두부 = 네모 모양'이라는 상식을 깨면서도 소박한 느낌을 주었다. 당시 일본에서는 '나 홀로 식사'가 화두였기 때문에 두부 용기도 작아지는 추세였지만 그는 차별화 포인트를 크기에 뒀다. 맛있는 두부라면 배부를 때까지 먹고 싶기 마련이고 혹시라도 남으면 '다양한 요리로 먹어보세요'라는 남다른 마케팅 포인트까지 만들어낸 것이다.

세 번째는 스토리다. 회사 홈페이지에서는 두부와 관련된 다양한 굿즈도 판매한다. 이들이 가장 먼제 제작한 굿즈는 직영점 직원 유니폼이자 판매상품이다. '바람에 나부끼는 두부장수 조니'는 오토코마에 두부를 대표하는 캐릭터가 되어 오토코마에 두부와 관련된 곳곳에 등장한다. 굿즈 판매 페이지엔 999만 9,999엔(약 1억

60만 원)짜리 반지가 '조니 전용'의 비매품으로 올라와있기도 하다.

어떤 상품이나 서비스든 거기에는 반드시 그 상품의 성능 개선을 수반해 소비자가 품질개선을 느낄 수 있도록 해줄 언어, 하나의 키워드가 반드시 있어야 한다. 이것이 바로 콘셉트다.

다양한 '오토코마에 두부' 굿즈
출처: 구글

시장 진입 방법 및 포지셔닝

고객들은 상품을 구매할 때마다 많은 정보를 바탕으로 의사결정을 수행해야 한다. 그렇기 때문에 고객들은 일반적으로 자신의 구매의사결정의 과정과 시간을 단순화하기 위해 상표, 기업, 상품 등을 일정한 틀에 맞추어 놓는다.

기업들은 고객들의 틀에 자신의 회사와 상품을 넣기 위해 노력하겠지만 그보다 먼저는 고객들이 상품을 사용하는 목적에 대한 이해가 필요하다. 하버드 비즈니스 스쿨의 저명한 마케팅 구루(Guru)인 시어도어 레빗(Thedore Levitt)은 이미 40년도 더 전에 "드릴을 사 가는 소비자는 드릴을 산 것이 아니라 그 드릴로 뚫을 구멍을 산 것이다"라는 유명한 가르침을 남겼다. 상품 자체보다는 고객이 왜 그 상품을 원하는지에 대한 이해가 필요하다는 뜻이다.

오늘날과 같이 고객이 원하는 욕구가 다양화되고 있는 상황에서 각 기업은 전체시장을 세분화(Segmentation), 표적화(Targeting)해

경쟁 상품과는 차별되는 특징을 표적시장 고객에게 인식시키는 포지셔닝(Positioning)을 사업 성공의 핵심 전략으로 보고 있다.

시장세분화(Maket Segmentation)는 상품이 어떤 시장에서 잘 팔릴 것인가를 선택하는 것이며 이는 마케팅의 대상이 되는 표적시장(Target Market)을 의미한다. 또한 포지셔닝은 상품의 여러 특성 중 고객에게 전달하고 싶은 이미지를 강조해 특정 브랜드의 이미지를 형성하는 것으로 타 상품과 차별화된 강점과 매력을 소비자 머릿속에 각인시켜 상품을 소비하게 만드는 것이다. 특히 경쟁이 심한 시장 상황에서는 경쟁사 상품과 차별화를 시켜 우위를 점하게 하거나 특정 세분시장을 겨냥해 경쟁에 대처하기 위한 포지셔닝 전략이 요구된다.

시장 세분화

대부분의 실무에 이어서 단일 기준에 의한 시장세분화보다는 여러 가지 기준을 가지고 시장세분화를 하는 것이 보다 정확하다. 맥주 소비자로 예를 들면 우선 나이 기준으로 25세에서 34세까지 58%, 35세에서 49세까지 44%로 이 둘을 합치면 전체의 92%를 차지한다. 마지막으로 소비자들이 찾는 편익을 보면 맛을 기준으로 선택하는 사람들이 76%에 이르고 6%는 저지방, 5%는 가격, 5%는 쉽게 구할 수 있는 것을 기준으로 해서 선택한다. 여기서 우리는 25~49세 중에서 맛을 기준으로 맥주를 선택하는 사람들이 가장 큰 시장임을 알 수 있다.

시장세분화 진행 5가지 단계

시장 범위의 결정 → 세분화할 기준 선택 → 세분화 데이터 분석 → 각 세분화 프로파일 정리 → 세분시장 최종 선택

표적시장의 선정

시장세분화는 결국 회사가 집중해야 할 세분 시장을 고르는 작업이다. 이 작업을 통해 회사가 마케팅 프로그램을 펼쳤을 때 가장 쉽게 반응할 시장을 찾을 수 있다.

대부분 수익성이 가장 큰 시장을 노리게 되는데 이러한 경우에는 경쟁 강도가 가장 높기 때문에 일반적으로 가장 좋은 기회는 아니다. 심한 경쟁과 더불어 소비자들이 기존 경쟁자들의 상품과 브랜드 충성도가 높은 경우도 많다.

따라서 많은 경우에 경쟁자들이 무시하고 있는 세분 시장이 가장 좋은 선택이 될 수 있다. 이러한 시장의 경우 소비자들이 기존 경쟁자들의 상품과 브랜드에 불만족하는 경우가 많기 때문에 좋은 기회가 될 수 있음을 꼭 기억하자.

포지셔닝에 따른 전략 세우기

포지셔닝은 기업 및 상품에 대한 고객의 지각을 기초로 수행된다. 그래서 전체 시장을 대상으로 하기보다는 규모와 능력에 맞는 세분화된 표적 시장을 상대로 전략을 구사하는 것이 더 효과적이다. 즉 먼저 시장을 세분화하고 상이한 세분 시장 중 진출할 가치가 있는 시장을 표적 시장으로 선정한 다음 포지셔닝을 실행하는 것이 적정한 방법이라 할 수 있다.

포지셔닝은 마케팅 전략을 평가하고 재계획하는 기준이 된다. 다른 마케팅 전략보다 먼저 계획됨으로써 각 마케팅 활동의 가장 중심적이고 기초가 되는 정보를 제공한다. 따라서 포지셔닝은 여타의 마케팅 전략보다 정확하게 수립되고 각 활동이 유기적으로 결합되도록 하는 중심축이 된다고 할 수 있다.

포지셔닝 전략이란 마케팅 목표를 효과적으로 달성하기 위해 바람직한 목표 포지션을 결정하는 일을 의미한다. 마케팅 전략을 수립하고 평가하는 데 매우 효과적인 도구로 이용되고 있다.

기업은 시장에서 경쟁사를 이기기 위해 시장세분화, 표적시장 선정, 시장 포지셔닝의 3단계를 거쳐 포지셔닝 전략을 개발해야 한다. 그렇게 하려면 기업은 무엇보다 자사의 강·약점과 경쟁사의 강·약점 그리고 고객들이 시장에 나와 있는 상품을 어떻게 인지하고 있는지를 철저하게 분석하는 것이 중요하다.

포지셔닝 맵 활용하기

계획을 세우기 전에 타 회사와의 경쟁에만 먼저 주목하면 경쟁에서 이기는 방법만 생각하기 쉽다. 그러나 이것보다는 '다른 회사에 비해 우리가 정말 독창적인가'를 반드시 확인해야 한다. 이때 필요한 것이 바로 시장세분화를 통한 '포지셔닝 맵(Map)'이다.

포지셔닝 맵이란 고객들의 지각을 근거로 해 자사 상품과 경쟁 상품의 위치 또는 자사 기업과 경쟁기업의 위치를 도면화시킨 것으로, 기업이 포지셔닝 전략을 성립하기 위해 우선 자사가 시장에서 어떤 위치에 있는지 파악할 수 있다. 포지셔닝 맵을 통해 고객들이 상품 간의 관계를 어떻게 인식하고 있으며 시장 공간에서의 경쟁 관계를 어떻게 인식하고 있는지를 한눈에 명확히 알 수 있다.

포지셔닝 맵은 특정 방법에 의해 세분화된 표적시장 내에서 자사의 상품 범주나 기업이 현재 차지하고 있는 위치를 확인하고 평가하는 데 도움을 준다. 이를 통해 상품 혹은 기업의 지금 포지션보다 어디가 더 바람직한지, 시장 내 기존 이미지가 존재하지 않는 빈 공간이 어디인지 확인할 수 있다. 이처럼 자신의 기업을 더 좋은 곳에 위치화하기 위한 마케팅 계획을 효과적으로 세우려면 세분 시장별 포지셔닝 맵이 필요하다.

| 패션 브랜드 포지셔닝 맵의 예시 |

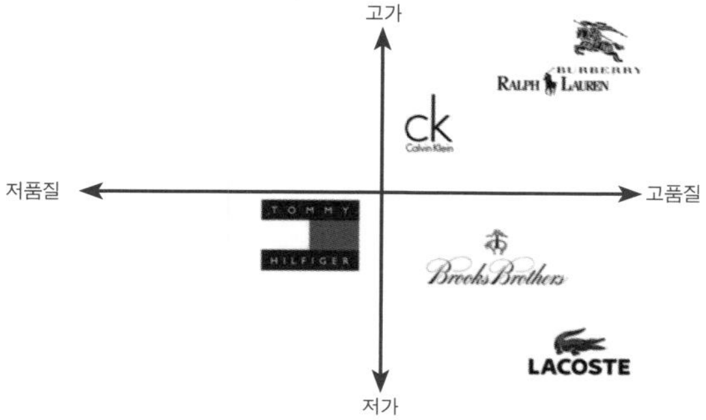

| 자동차 브랜드 포지셔닝 맵의 예시 |

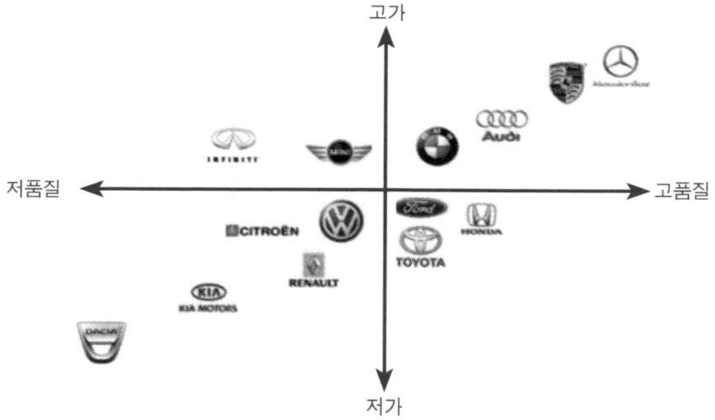

| 패스트푸드 브랜드 포지셔닝 맵의 예시 |

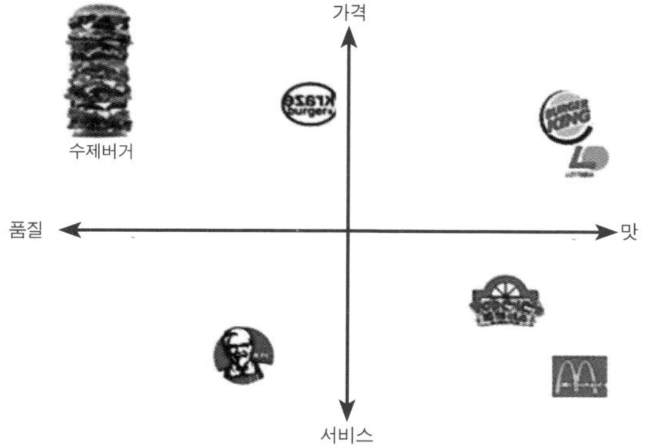

확신을 주는
신상품 기획서 만들기

다음 기획안을 살펴보자. 이 기획안을 정리해보면 다음과 같다.

- 디지털 사이니지 시장에 적합한 신상품을 개발한다.
- 신상품은 '스마트 그림자 광고 시스템'이다.
- 가로등에 설치해 바닥, 벽면에 이미지를 표현하는 광고 시스템이다.
- 시장규모는 현재 3조 1,000억 원, 2020년에는 3조 9,000억 원까지 확대될 전망이다.
- 현재 디지털 사이니지 시장 관련 매출은 17억 원이다(2017년 기준).
- 경쟁 기업은 대기업부터 중소기업까지 다양한 업종이며 20사 정도다.
- 이 상품으로 매출액 30% 증가를 목표로 한다.
- 투자액은 4억 원이다.

스마트 그림자
광고 시스템 신상품 기획서

1. 시장 환경과 기획 입안 배경

산업연구원(KIET)이 발표한 자료에 따르면 세계 디지털 사이니지(DOOH) 산업은 2020년 30조 원대의 생산 유발 효과를 가져올 것으로 추산됐다. 또한 미래 성장동력인 '한국형 스마트시티' 사업이 9대 국가전략 프로젝트에 선정돼 국가 차원이 체계적인 기술개발 투자가 이뤄진다. 국가교통부가 10일 대통령 주제 '제2차 과학기술 전략회의'에서 '세계 선도형 스마트시티 구축사업'이 국가전략 프로젝트에 최종 선정됐다고 밝혔다. 스마트시티는 도시 기획·설계, 친환경 인프라, ICT, 문화 등이 결합된 융복합 상품으로 전 세계적으로 수요가 증가하고 있다. 따라서 '스마트 광고 시스템'을 새로이 개발·판매해 이 분야의 매출 향상을 목표로 삼는다.

2. 시장 상황

- 국내 시장규모: 3조 1,000억 원(2018년) → 3조 9,000억 원(2020년)
- 현재 자사 매출액은 17억 원(2017년 기준)
- 진입 기업: 대기업부터 중소기업까지 20사 정도

3. 신상품의 개요와 장점

'스마트 그림자 광고 시스템'

광고 필름에 인쇄된 광고가 렌즈를 통과한 빛에 투영되어 일정 장소에 노출되는 것을 특징으로 가로등에 설치해 바닥, 벽면에 이미지를 표현하는 광고 시스템

• 장점

① 원격으로 이미지 송신이 가능한 시스템

② 자체 생산 시설 구축

③ 방수, 방진, 방열 기능을 포함한 시험성적 합격 상품(KTC 시험성적서)

4. 경쟁분석

• ○○주식회사, ××주식회사 등 전기 기계 브랜드 대기업

• △△주식회사 등 LED 부품 브랜드

• ○×주식회사 등 ICT 서비스

• □□ 주식회사 등 콘텐츠 미디어

5. 목표 고객과 판매 전략

• 지자체, 관공서 / 나라장터

6. 판매 전망과 투자 회수

• 연간 평균 매출액 30% 증가 목표

• 개발 투자액 4억 원, 회수 기간 2년

언뜻 보기에는 잘 세운 계획 같다. 요점은 '미래 성장동력인 디지털 사이니지를 스마트시티 구축사업에 전개하는' 비즈니스다. 지금도 디지털 사이니지 시장에서 어느 정도 매출을 올리고 있으므로 신상품을 투입해 매출을 확대할 수 있을 것처럼 보인다. 실제로 이런 계획은 다양한 기업에서 나타난다. 하지만 이 계획에는 커다란 약점이 있다. 이 계획의 약점은 무엇일까?

계획안에 '신'을 붙일 때는 4가지를 기억하라

'신'이라는 말이 붙은 계획에서는 '시장', '고객', '상품 / 서비스', '경쟁'의 4가지 시점이 중요하다. 이를 각각의 시점에서 분석해보자.

시장의 시점

- 시장규모가 3조 9,000억 원까지 확대할 것이라는 근거는 무엇인가?
- 신상품을 투입하면 매출액이 30% 증가한다는 근거는 무엇인가?

고객의 시점

- 목표 고객을 지자체, 관공서로 설정했는데 더 세분화할 수 없을까?

- 고객은 스마트 그림자 광고 시스템을 어떻게 이용할까?
- 그림자 광고 시스템이 고객에게 어떤 가치를 제공하는가?

상품, 서비스 시점

- 고객은 이 상품과 서비스의 어떤 이점을 좋아할까?
- 원가가 절감되는가? 생산량이 증가하는가?

경쟁의 시점

- 경쟁 상품, 서비스는 어떤 부분이 다른가?
- 이미 다른 기업이 경쟁에 참가해 있는 상황에서 어떻게 이길 것인가?

회사가 아닌 고객이 원하는 것을 기획하라

앞에서 언급한 4가지 시점으로 이 계획안을 살펴보면 다음과 같은 문제가 보인다.

- 누구에게 어떤 가치를 제공하는가가 명확하지 않다.
- 시장규모 확대, 매출 증대의 근거가 빈약하다.
- 고객이 어떤 문제점(니즈)를 갖고 있는지 명확하지 않다.
- 경쟁사 대비 차별성을 알 수 없다.

결국 이 계획안은 근거가 빈약하고 고객의 니즈가 불명확한 기획서가 된 것이다.

신상품은 '우리 회사가 만들 수 있는 것'이 아니라 '시장, 고객이 원하는 것'을 제공해야 한다. 소비자들은 현명하기 때문에 상품을 고르는 순간에도 상품에 덧입혀진 색, 기능만 보지 않고 상품에 담긴 의미를 찾고, 자신이 추구하고 향유하고자 하는 가치와 통하는지를 가늠한다. 이 관점에서 신상품의 장점을 다시 살펴보고 고객 니즈 정보를 추가하면 상품의 매력은 더욱 증가한다. 즉 장점이 명확한 '특별한 상품'이 되는 것이다.

지금까지의 내용을 토대로 기획서를 수정해보면 다음과 같이 변신시킬 수 있다. 어떤 상품이나 서비스든 거기에는 반드시 그 상품을 통해 고객에게 제공하고자 하는 특정 편익이 있다. 그것을 고객이 알기 쉽게 구체적인 언어로 표현된 것이 바로 상품 개념(Product Concept)이다.

스마트 그림자
광고 시스템 신상품 기획서

1. 기획 배경

- 전 세계 스마트시티 시장규모가 2025년 2,000조 원을 넘을 것으로 예상
- 한국형 스마트시티 사업이 9대 국가전략 프로젝트로 기술개발 투자가 이루어지고 있음
- 스마트시티 관점에서 '디지털 사이니지'는 솔루션이고, 도시 문제를 해결하는 서비스 기능
- 노후 주거지, 구 도심 등을 중심으로 주거환경 개선과 도시재생사업을 본격적으로 추진
- 부산 에코델타시티 착공에서 세종시까지 한국의 스마트시티 시범도시 사업이 본궤도에 오름

2. 시장 상황

- 스마트시티 글로벌 시장: 2025년 2조 5,000억 달러(약 2,600조 원)까지 성장할 것으로 전망(자료: 글로벌 시장조사기관 프로스트앤드설리번)
- 스마트시티 국내 시장: 2021년 최대 151조 원까지 연평균 16.6% 성장할 것으로 전망(자료: 한국과학기술정보연구원)
- 디지털 사이니지 시장: 글로벌 시장은 314억 달러, 국내 시장은 2020년 3조 9,000억 원까지 연평균 10% 성장할 것으로 전망(자료: 시장조사기관 HIS)

3. 필요성

• 목적

– 교통·환경·안전·주거·도시행정·복지 등 분야에 첨단 IT 신기술을 적용
– 일상생활에서 고객을 이해하고 반응하는 맞춤형 디지털 사이니지로 성장
– 사람 중심으로 친환경적이고 편리하며 안전하게 사용할 수 있도록 구현

• 목표

– 스마트폰과 연동되어 제어되는 스마트 그림자 광고 시스템
– 공공미디어로서 도시 문제를 해결하는 서비스 역할
– 안전과 사고 예방을 담은 사이니지 구축
– 시민들의 편리하고 쾌적한 삶을 제공

4. 선행사례(유사사례)

• 조명수입업체

– ㈜한삼시스템은 'MARTIN', 'PHILIPS VARI-LITE', 'MA LIGHTING', 'TOSHIBA', 'ARRI', 'CHRISTIE' 등 세계 유수의 조명 및 무대 설비 기기들을 국내에 보급하는 시스템 기업으로 무대특수조명이 주요 시장이다. 상품군은 유사하지만 타깃 시장이 다르다.

• 바닥 및 프로젝터 광고 업체

– 빛모아, 디자인라이트, 로고젝코리아 등 유사 광고 업체는 약 8곳이며 대부분 소규모의 기업으로 행정홍보, 업체광고, 건물안내 등 지역의 마케팅 홍보 위주로 사업을 전개해 가고 있다.

5. 신상품의 개요와 장점

• '특허 인증 – 그림자 광고 시스템'

– 광고 필름에 인쇄된 광고가 렌즈를 통과한 빛에 투영되어 일정 장소에 노출되는 것을 특징으로 가로등, 보안등, 지주대 등에 설치해 바닥, 벽면에 이미지를 표현하는 광고 시스템이다.

• 장점

① 원격으로 이미지 교체가 가능한 시스템(최대 6개의 광고 콘텐츠를 투사)

② 자체 생산 시설 구축

③ 방수, 방진, 방열 기능을 포함한 시험성적 합격 상품(KTC 시험성적서)

④ 원하는 디자인 제작 및 선택

⑤ 키스톤(왜곡방지)작업을 통해서 최적의 이미지 투사

⑥ 2배 이상 밝기의 LED와 선명하게 구현하는 특수 렌즈 사용

6. 목표 시장 및 판매 전략

- 지자체
  - 전국 지자체 당 226개 / 1,469억 원 시장규모: 지자체 예산 기준 (1개소당 6억 5,000만 원의 유효시장, 266×6억 5,000만 원)
  - 그림자 조명기기는 도시재생 / 경관조성 / 안전홍보 목적으로 사용
  - 주요부서의 경우 2,000만 원~4억 8,000만 원 정도의 예산을 집행하고 있음
- 도시재생사업
  - 도시재생사업에 1조 1,439억 원 배정
  - 정부는 도시재생뉴딜 사업을 위해 2022년까지 매년 9조 9,000억 원 투입 예정
- 스마트시티 플랫폼
  - 신상품은 미아찾기, 긴급재난 알림과 같은 영상과 이미지를 송출하는 스마트한 프로젝터

- 정보취약계층과 일반시민들에게 날씨, 화재, 범죄 등 공익목적의 알림을 신속하게 전달 가능
- 국토부는 2022년까지 전국 80개 지자체에 스마트시티통합플랫폼을 보급할 예정

• 빌보드 광고시장
- 빌보드 광고시장 시장규모 2,270억 규모 형성
- 기존 빌보드 광고는 초기 설치비용이 막대해 고객층이 한정적이나 그림자 조명을 이용해 광고할 경우 합리적인 가격으로 다양한 고객층을 확보해 광고가 가능

7. 특정 편익 및 시장 정의

• 도시광고 시스템 '그림자 조명'
- 보행 중 스마트폰을 사용하면 사고 인식률이 떨어지고 시야의 각도도 현저히 좁아지게 된다.
- 이럴 때 바닥에 조명을 투사해 마케팅을 하게 되면 자연스럽게 시선을 유도할 수 있다. 바닥 조명 즉 그림자 조명은 정부와 시민 간의 효과적인 소통에 적절한 마케팅 상품으로, 마케팅 홍보 및 길 안내, 경관 조성, 범죄 예방 등 높은 활용성을 가지고 있다.

4장

온라인 판매,
이것만은
알아두자

온라인몰 상품 필수 정보

코로나19 사태로 인한 '언택트 소비' 트렌드로 이커머스 시장이 급성장하고 있는 가운데, 이에 따른 소비자 피해도 나날이 늘어나고 있다. 온라인 거래에서 소비자의 상품 선택에 제일 먼저 영향을 주는 정보는 상품 기술서인데, 상품이나 서비스를 구입할 때 해당 상품의 특성을 아는 데 필요한 표시사항이 잘못 표기되어 있거나 내용이 부족하거나 없어서 상품 선택에 어려움을 겪은 피해 사례를 볼 수 있다.

'전자상거래에서 상품 등의 정보제공에 관한 고시'란 온라인 판매자가 상품 판매 시 소비자들에게 반드시 공지해야 하는 정보다. 판매자가 소비자에게 제공해야 할 상품에 대한 상세 사항과 거래 조건 정보, 제공 방법을 구체적으로 제시해서, 소비자가 구매 시 합리적인 선택을 할 수 있도록 기여하고 정보 부족으로 인한 소비자 피해를 예방하기 위해 제정된 전자상거래 법 규정이다.

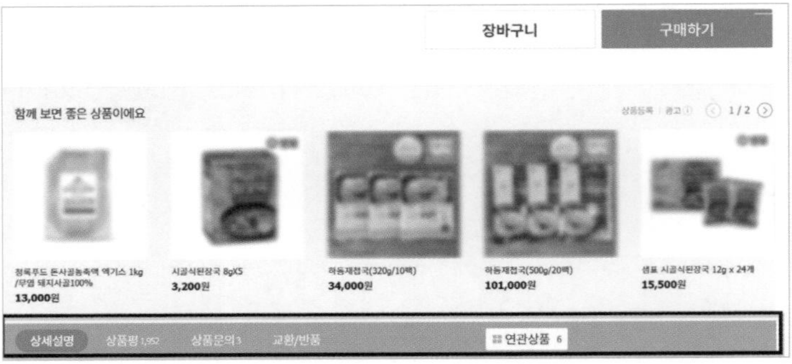

온라인몰 상품을 소개하는 상세페이지에서는 필수 정보를 제공해야 한다.

'전자상거래 등에서의 상품 등의 정보제공에 관한 고시'에 따르면 통신판매업자는 소비자가 상품의 정보를 잘 알고 고를 수 있도록 제조연월일, 유통기한 또는 품질유지기한 등 정보를 제공해야 한다. 그러나 실제로 현장에서는 제대로 지켜지지 않고 있다.

제조연월일,
유통기한

온라인몰에서 식품을 샀다가 유통기한이 지났거나 임박한 상품을 받아 낭패를 겪는 소비자들이 많다. 상품 상세정보에 유통기한이 아예 기재되어 있지 않거나 상품 정보제공 고시에 '제조연월일-상세페이지 참조'는 등의 표기로 부실한 정보를 안내하는 경우가 많기 때문이다. 소비자고발센터에도 온라인몰에서 구매한 상품의 유통기한으로 피해를 입었다는

유통기한 안내

업데이트 일자

- 최소 유통기한 입니다. 수시 입출고되어, 실제 수령 시 유통기한이 다를 수 있습니다. 2021-01-12

상품명	유통기한	상품명	유통기한
매일우유 멸균 저지방 2% 200ml	2021-04-11	뼈로가는 칼슘 두유 담백한맛 190ml	2021-07-07
매일우유 멸균 저지방 1% 200ml	2021-04-07	뼈로가는 칼슘 두유 검은콩 190ml	2021-07-15
매일우유 멸균 무지방 0% 200ml	2021-02-23	매일두유 식이섬유 190ml	2021-07-03
매일우유 멸균 오리지널 200ml	2021-05-14	매일두유 99.89% 190ml	2021-05-27

상품필수정보

식품의 유형	멸균우유
생산자 및 소재지	매일유업(주) 광주공장 : 광주광역시 광산구 어동대로 511 (상세설명 참조)
수입자	해당사항 없음
제조연월일/유통기한	2020년 1월 이후 상시제조 / 유통기한 : 상온유통기한 10주, 상세설명이미지 내 표기

유통기한 표기의 좋은 예

소비자 제보가 제기됐다.

위 그림은 식품 중 유통기한에 민감한 멸균우유를 온라인에서 판매하는 사례다. 주요 온라인몰에서 멸균우유의 유통기한 표시 사항은 구체적 날짜 표기 없이 '유통기한이 넉넉하다', '제품상단표시일까지 등'의 간략한 설명이 있는 경우가 있다. 반면에 이 페이지는 상품의 유통기한 정보를 설명하는 첫 페이지에 시각적으로 한눈에 들어오게 표기했고 상품정보고시 또한 잘 안내되어 있다.

업계에서는 정확한 유통기한이나 제조일자 표기가 어려운 부분에 대해서는 수시로 상품이 입·출고되는 상황에서 각각의 유통기한을 기재하는 것은 현실적으로 어려움이 있다. '전자상거래 상품 정보제공 고시'에 따르면 식품의 유통기한 등의 정보제공이 어려운 경우 그 사유와 그에 준하는 정보를 제공하도록 명시하고 있다. 식품의 경우 각 상품의 유통기한을 표기하고 '상시 입고, 판매되는 경우가 많은 만큼 추가문의는 Q&A 게시판 이용하기'를 안내하고 있다.

공정거래위원회에서는 정확한 유통기한이 아닌 '유통기한이 넉넉하게 남은 상품을 배달한다'는 등의 문구는 통상적으로 일반인이 이해할 수 있는 부분으로 보이지만 위반의 여지가 있다고 볼 수도 있다고 한다. 만일 정확한 유통기한을 명시하기 어렵다면 상품정보고시 부분 또는 상품상세설명 부분에 '수령일 포함 유통기한이 30일 이상 남은 상품을 보내준다'는 내용을 삽입하고, 배송 시 삽입한 내용이 지켜질 수 있도록 운영한다면 법에 어긋나지 않는 범위 안에서 소비자가 신뢰하며 이용할 수 있을 것이다.

어떤 소비자들은 온라인몰에서 식품을 살 때 다양한 정보가 제공되지 않는다고 생각해 상품의 가격이나 브랜드만 보고 선택하는 경우가 있다. 그러나 온라인의 경우에는 직접 보고 구매하는 것이 아니기 때문에 원산지, GMO(유전자변형 농수산물) 여부, 유통기한 등 중요 정보를 반드시 표기하도록 의무화하고 있다. 만일 중요 정보가 고시되어 있지 않다면 공정거리위원회 등에 위반 사실을 신고받을 수 있다는 것을 알아두어야 한다.

KC
인증정보

소비자 안전을 위해 중요하게 체크해야 할 정보 중 하나는 KC인증정보다. KC인증(KC마크)은 'Korea

Certification Mark'의 줄임말로서 안전·보건·환경·품질 등의 법정강제인증제도를 단일화한 국가인증통합마크를 말한다.

국민들의 제품 안전 인식 강화로 KC 미인증 제품에 대한 신고·적발 건수가 계속 늘어나고 있다. 판매금지나 형사 고발을 당하지 않도록 KC 인증대상 제품은 안전인증을 취득해야 한다. 또한 온라인 판매 시 판매상품 설명페이지에 인증번호를 기입해 제품안전정보센터에서 확인할 수 있도록 해야 한다.

KC인증을 받아야하는 상품은 크게 '전기용품', '생활용품', '어린이제품'으로 나눌 수 있고 세부적으로는 '안전인증', '안전확인', '공급자적합성확인', '안전기준준수대상'으로 나눌 수 있다. 인증대상 품목리스트는 제품안전정보센터 홈페이지에서 확인할 수 있다(safetykorea.kr/policy/targetsSafetyCert). 상품을 만드는 제조사 혹은 수입사는 이 리스트를 통해 판매 상품이 인증을 받아야 하는 상품인지 아닌지를 확인하고 차후에 인증을 받지 않아서 불이익을 받는 일이 없도록 꼼꼼히 체크하자.

축산물 등급표시

상품필수정보

포장 단위별 내용물의 용량 (중량), 수량, 크기	400g / 1 / 상품의 특성상 크기가 상이함
생산자	(주)우들
수입자	해당사항 없음
제조연월일/유통기한	주문당일 생산/제품 라벨에 표기
축산법에 따른 등급표시	1++등급(근내지방도 7) 이상
축산물이력제 표시유무	유(제품라벨에 축산물이력번호 표기)

축산물 등급표시의 좋은 예

코로나19로 인해 외식을 자제하고 집에 머무는 시간이 증가하면서 신선식품의 온라인 소비가 급증했다. 특히 소고기 등의 육류는 1인 가구부터 다인 가구까지 대부분의 소비자에게 인기 있는 선물로 구매량이 더욱 늘었다. 그러나 소비량이 증가하고 있는 온라인 쇼핑몰에서는 이를 준수하지 않고 있어 주의가 필요하다.

축산물을 판매하는 경우 축산법에 따른 등급표시를 제공해야 한다. 쇠고기 등급 체계 개편으로 1++ 등급에 해당하는 마블링(근내 지방) 함량이 낮아짐에 따라 소비자들이 지방 함량을 확인하고 선택할 수 있도록 1++등급 쇠고기에는 근내지방도(7, 8, 9)를 등급과 함께 표시하도록 했다. 1++ 등급 소고기라도 마블링에 따라 마블링에 따른 맛과 가격 차이가 발생할 수 있는 만큼 마블링 정보제공이 필요하다.

영양성분 및 알레르기 정보

어린이 식생활 안전관리 특별법에 따라 어린이 기호식품인 제과·제빵, 아이스크림, 햄버거, 피자를 온라인에서 판매할 때 열량, 나트륨 등 영양성분 정보와 달걀, 새우 등 알레르기를 유발시킬 수 있는 식품 정보를 제공해야 한다.

그뿐만 아니라 배달 음식을 포함한 비포장식품(외식)에 대한 알레르기 유발성분 표시 또한 의무적으로 해야 한다. 소비자원은 소비자가 안전사고를 예방할 수 있도록 프랜차이즈나 배달 앱 사업자에게 메뉴별 알레르기 유발 성분 정보표시 등을 권고하고 있다.

주문 제작 주의사항

주문 제작 상품은 '맞춤 제작'뿐만 아니라 '주문 시 제작', 기성품을 '주문 시 공장에 오더(주문)'하는 경우까지 '주문 제작'이라는 조건으로 판매가 이루어진다. 이런 류

교환환불

- 주문제작, 맞춤제작 상품의 사이즈 변경 및 취소는 결재일로부터 1일이내에 가능하며, 2일차부터는 불가합니다.
  단순변심으로 인한 취소, 교환 및 반품이 불가하오니 신중한 구매 부탁드립니다.
- 제품 하자로 인한 교환 요청시 동일제품 으로만 교환이 가능합니다.
- 교환/반품 요청시 제품 수령일(운송장 배송완료기준)로 부터 7일이내에 고객센터 또는 Q&A게시판을 통해
  접수해주셔야 합니다.
  또한 접수일로부터 7일이내 회수된 건에 대해서만 교환/반품 처리가 가능합니다.
- 주문제작 상품의 규격사이즈를 기재하는 것은 구매 편의를 위한 것이므로 이로 인한 취소,교환 및 반품은 불가합니다.
- 부득이한 사정으로 인해 주문제작/맞춤제작 상품의 취소나 교환 및 반품을 원하실경우 소비자가격의 20%와
  배송비를 부담하셔야 합니다.
- 택제거 및 개봉으로 인한 제품 훼손, 설치/사용 후 반품이 어려울 수 있습니다.
  또한 이불솜, 베개솜 등 솜종류와 커튼봉, 레일 등 커튼부자재는 비닐포장을 개봉할 경우에도 교환/반품이 불가합니다.
  (제품 수령 후 사용 및 세탁 전에 제품상태를 꼼꼼히 확인 부탁드리며, 이는 고객님의 의무입니다.
  주문제작 상품이나, 세탁한 제품은 어떠한 경우에도 반품/교환이 불가합니다.)
- 교환/반품시 반드시 CJ대한통운택배로 접수 부탁드립니다.
  타 택배사 이용시 분실 등의 사고발생시 데코뷰에서 도움드릴 수 없으며, 추가비용은 고객 부담입니다.
- 단순변심에 의한 교환/반품 시 왕복택배비 6,000원은 고객 부담입니다.
- 부피가 있는 일부 제품의 경우 왕복택배비를 제외한 왕복이형화물비 10,000원이 추가로 발생할 수 있습니다.
  (기본배송비 6,000원 + 이형화물비 10,000원 = 총 16,000원)

구매유의사항

- 주문제작 상품을 주문하시는 경우 제작 공정의 특성상 상품이 제작되고 있는 주문상태에서 고객이 일방적으로
  주문을 취소하실 수 없으므로 확실한 구매결정 후 주문하여 주시기 바랍니다.
- 상품 기본구성 이외의 부자재 및 코디상품은 별도구매 품목이오니 기본구성 확인 후 구매하여 주시기 바랍니다.
- 패브릭 상품은 소재의 특성상 사이즈에 ±3cm 오차가 있을 수 있습니다.
- 상품설명서에 기재한 이외의 상품정보는 데코뷰 고객센터나 Q&A 게시판을 통하여 문의 하여주시기 바랍니다.
- 침구 상품 솜샤시 주문제작 안내 : 기존 '솜샤시는 별도 추가구매 품목입니다.'를 '솜샤시 추가할 경우 주문제작으로
  제작되어 배송기간이 평일 기준 12일 가량 소요됩니다.'

주문제작 유의사항의 좋은 예

의 상품은 보통 단순 변심으로 인한 반품이 안 되는 점 또는 주문 정보나 사이즈가 맞지 않거나 배송 지연에 따라 고객 불만이 빈번하게 발생한다. 주문 제작 상품에 대한 정의와 기준을 명확히 해서 소비자가 신중하게 구매할 수 있도록 주의사항을 안내해주는 것이 좋다.

개정된 상품 정보제공 고시

앞으로 온라인 쇼핑 등 통신판매업자들은 도서산간 지역 배송비를 소비자에게 알려야 한다. 가습기 살균제처럼 건강에 해로울 수 있는 상품의 정보도 제공해야 한다. 공정거래위원회는 이러한 내용의 '전자상거래 등에서 상품 등의 정보제공에 관한 고시' 개정안을 확정해 2021년부터 시행하고 있다.

개정안은 우선 도서 산간지역에 대한 추가 배송비를 상품 정보제공 단계에서부터 결제 전에 알리도록 했다. 그동안 상품 배송 단계에서야 추가 배송비를 고지받은 소비자와 통신판매업자 간 분쟁이 빈번했던 데 따른 것이다. 현행 전자상거래법 시행령은 상품 가격 외에 소비자의 추가 부담 사항을 계약서에 표시하도록 규정하고 있지만, 배송 비용은 구체적인 표시사항으로 명시하고 있지 않았다.

또한 생활화학제품과 살생물제 제품에 해당하는 품목을 별도로 신설해 상품에 사용된 화학물질, 소비자 안전을 위한 주의사항 등 소비자 생명과 안전에 직결되는 주요 정보가 사전에 제공되도록 했다. 이에 따라 통신판매업자는 접착제, 방향제, 초, 탈취제 등 상품에 들어간 화학물질 정보와 안전 주의사항을 표시해야 한다. 이와 함께 식품류를 통신판매할 경우 통신판매수단의 상품 정보제공 화면 등에 식품의약품안전처의 표시 기준과 일치되는 정보로 소비자에게 제공하도록 하는 내용도 개정안에 명시됐다.

| 생활화학제품 및 살생물제 품목 정보 표시 내용 |

생활화학제품	살생물제품
* 생활화학제품 및 살생물제의 안전관리에 관한 법률에 따른 안전확인대상 생활 화학제품에 한함 1. 생활화학제품 및 살생물제의 안전관리에 관한 법률 및 안전확인대상 생활화학제품 지정 및 안전 표시기준에 따른 표시사항 1-1. 품목 및 제품명 1-2. 용도(표백제의 경우 계열을 함께 표시) 및 제형 1-3. 제조연월 및 유통기한(해당 없는 제품 생략 가능) 1-4. 중량·용량·매수 1-5. 효과·효능(승인대상 제품에 한함) 1-6. 수입자(수입제품에 한함), 제조국 및 제조사 1-7. 어린이 보호포장 대상 제품 유무 1-8. 제품에 사용된 화학물질 명칭(주요물질, 보존제 등 관련 고시에 따른 표시의무 화학물질에 한함) 1-9. 사용상 주의사항 1-10. 안전기준 적합확인 신고번호(자가검사번호) 또는 안전확인대상 생활화학제품 승인번호 2. 소비자 상담 관련 전화번호	* 생활화학제품 및 살생물제의 안전관리에 관한 법률에 따른 살생물제품에 한함 1. 생활화학제품 및 살생물제의 안전관리에 관한 법률 및 살생물제품 표시에 관한 규정에 따른 표시사항 1-1. 제품명 및 제품유형 1-2. 중량 또는 용량 및 표준사용량 1-3. 효과·효능 1-4. 사용대상자 및 사용범위 1-5. 수입자(수입제품에 한함), 제조국 및 제조사 1-6. 어린이보호포장 대상제품 유무 1-7. 살생물물질, 나노물질, 기타 화학물질(유해 화학물질 또는 중점관리물질)의 명칭 1-8. 제품 유해성·위해성 표시 1-9. 사용방법 및 사용상 주의사항 1-10. 승인번호 2. 소비자 관련 전화번호

출처: 공정위

이외에도 자동차용품(자동차 부품 / 기타 자동차 용품)에는 '검사합격증 번호(대기환경보전법에 따른 첨가제·촉매제에 한함)'을 붙여야 한다. 식품(농수축산물)에는 '품목 또는 명칭'과 '식품 등의 표시·광고에 관한 법률에 따른 소비자 안전을 위한 주의사항'을 제공해야 한다. 가공식품 및 건강기능식품에는 '제품명'과 함께 '소비자 안전을 위한 주의사항'을 알려야 한다.

| 살생물물질이 사용될 수 있는 살생물제품 유형 |

분류	살생물제품 유형	설명
살균제류 (소독제류)	살균제	살균, 멸균, 소독, 항균 등
	살조제	수중에 존재하는 조류의 생육을 억제하여 사멸 (공공수역에 사용하는 것은 제외)
구제제류	살서제	쥐 등 설치류 제거
	기타 척추동물 제거제	설치류 제외한 유해한 척추동물제거
	살충제	파리, 모기, 개미, 바퀴벌레, 진드기 등 곤충 제거
	기타 무척추동물 제거제	곤충을 제외한 유해한 무척추동물 제거
	기피제	기피의 방법을 이용하여 유해생물을 무해화, 억제 (인체 직접 사용하는 것은 제외)

분류	살생물제품유형	설명
보존제류 (방부제류)	제품보존용 보존제	제품 유통기한 보장을 위하여 제품의 보관, 보존
	제품표면처리용 보존제	제품 표면의 초기 속성 보호를 위하여 제품 표면 또는 코팅을 보존
	섬유·가죽류용 보존제	섬유, 가죽, 고무 등을 보존
	목재용 보존제	목재, 목재 제품 보존
	건축자재용 보존제	목재를 제외한 건축자재, 석조, 복합 재료 보존
	재료·장비용 보존제	• 산업에서 이용되는 재료·장비·구조물 • 냉각, 처리 시스템의 담수 등의 액체 • 금속·유리, 재료 가공에 사용되는 유체 등을 보존
	사체·박제용 보존제	인간·동물의 사체나 일부를 보존
기타	선박·수중 시설용 오염방지제	선박, 양식 장비, 수중용 구조물에 유해생물의 생장·정착 억제

출처: 공정위

| 안전확인대상생활화학제품(35개 품목) |

분류	품목
세정제품	세정제, 제거제
세탁제품	세탁세제, 표백제, 섬유유연제
코팅제품	광택 코팅제, 특수목적코팅제, 녹 방지제, 다림질보조제
접착·접합제품	접착제, 접합제
방향·탈취제품	방향제, 탈취제
염색·도색제품	물체 염색제, 물체 도색제
자동차전용제품	자동차용워셔액, 자동차용부동액
인쇄/문서관련 제품	인쇄용 잉크·토너
미용제품	미용접착제, 문신용염료

분류	품목
살균제품	살균제, 살조제, 가습기용항균·소독제제, 감염병예방용 살균·소독제제, 기타방역용 소독제제
구제제품	기피제, 보건용기피제, 보건용 구제·방지·유인살충제, 감염병예방용 살충제, 감염병예방용 살서제
보존·보존처리 제품	목재용 방부제 **필터형 보존처리제품**
기타	초, 습기제거제, **인공눈스프레이**

출처: 공정위

입력할 항목이 이미 상품명 및 상세페이지에 명확히 표시되어 있는 경우 '상세설명 참조'로 대신할 수 있다. 단 상세페이지 등에 관련 정보의 표시가 기재되어 있지 않음에도 불구하고 '상세설명 참조'로 노출하는 것은 전자상거래법 위반(표시누락과 동일)에 해당되니 주의해야 한다.

유의해야 할 표시광고사항

과장 허위 광고 사용 주의

코로나19에 대한 공포를 틈타 이윤을 추구하는 악덕 상술이 판을 쳤다. 아직도 인터넷 쇼핑몰, 카페, SNS 등에선 효과가 입증되지 않은 상품을 '방역' 효과가 있다고 강조하며 판매하는 사례를 쉽게 찾아볼 수 있다.

한 포털사이트에서 '코로나 고글'이라는 문구로 검색하자 약 1,000가지가 넘는 상품이 화면에 떴다. 각 상품의 판매자들은 '방역 고글'임을 강조하며 코로나19를 완벽 차단한다고 홍보하고 있었다. 커다란 고글이 비말과 바이러스로부터 눈을 보호해주기에 방역 효과가 있다는 논리였다. 이 상품들은 수천 원대에서 1만 원대에 판매되고 있었다.

'코로나 방역 모자'도 눈에 띄었다. 이 역시 인터넷 쇼핑몰에서

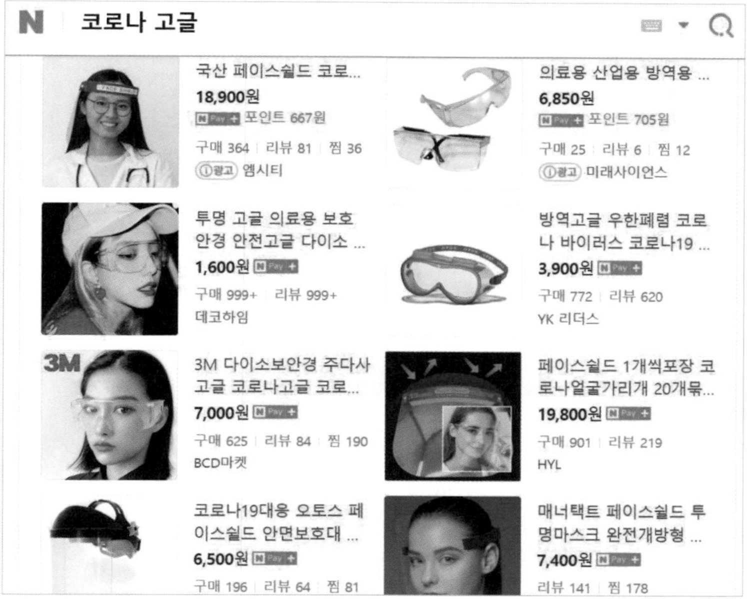
N
코로나 고글
국산 페이스쉴드 코로...
18,900원
포인트 667원
구매 364 리뷰 81 찜 36
광고 엠시티
의료용 산업용 방역용 ...
6,850원
포인트 705원
구매 25 리뷰 6 찜 12
광고 미래사이언스
투명 고글 의료용 보호
안경 안전고글 다이소 ...
1,600원
구매 999+ 리뷰 999+
데코하임
방역고글 우한폐렴 코로
나 바이러스 코로나19 ...
3,900원
구매 772 리뷰 620
YK 리더스
3M
3M 다이소보안경 주다사
고글 코로나고글 코로...
7,000원
구매 625 리뷰 84 찜 190
BCD마켓
페이스쉴드 1개씩포장 코
로나얼굴가리개 20개묶...
19,800원
구매 901 리뷰 219
HYL
코로나19대응 오토스 페
이스쉴드 안면보호대 ...
6,500원
구매 196 리뷰 64 찜 81
매너택트 페이스쉴드 투
명마스크 완전개방형 ...
7,400원
리뷰 141 찜 178

N
코로나 방역모자
화이트샌즈 고급 코로나
모자 벙거지 방역모자
13,650원
리뷰 218 찜 37
광고 화이트샌즈
방역모자 코로나모자 안
면보호
8,900원
포인트 267원
광고 유한킴벌리 지킴이몰
비말 차단
썬캡 99.9% 자외선차단
썬캡 99.9% 특수필름 자
외선차단모자 여성 남...
14,800원
구매 999+ 리뷰 999+
언니의방
일체형 탈부착형 코로나
모자 바이러스 방역 안...
12,600원
구매 566 리뷰 999+
제이피라이프
국내생산 성인 유아 아동
지퍼형 탈부착 코로나...
16,500원
구매 454 리뷰 381
맨즈보그
비말 차단
코로나 방역 투명 선캡
자외선차단 85%
11,900원
구매 338 리뷰 215
마렌느 marrenne

검색만으로 쉽게 찾을 수 있었다. 가격은 수천 원에서 2만 원대까지 다양했다. 해당 상품들은 일반적인 선캡이나 벙거지 모자에 우레탄 비닐을 씌우고선 비닐이 침과 바이러스를 막아준다며 '방역 모자'임을 표방했다. 개중에는 특허 상품임을 강조하는 상품도 있었지만 확인 결과 '디자인' 관련 특허일 뿐 방역 효과와 관련된 특허는 아니었다.

식약처에서 방역 효과를 따로 인증받지 않은 이상 기존 고글과 보호구는 감염병 예방과는 관계가 없으며 방역 효과를 강조한 것은 '과장·허위광고' 상품에 해당한다. 또한 안전기준을 준수하는 살균·소독제라 하더라도 잘못 사용하거나 과량 사용하는 경우 인체에 해로울 수 있으므로 기업에서는 독성이 없다는 식으로 소비자를 현혹하는 문구를 사용해선 안 되며, 제조·수입, 유통·판매하는 기업은 올바르게 표시·광고문구를 사용하도록 주의를 기울여야 한다.

식품, 부당한 표현 사용 금지

식품의 우수성을 강조하기 위해 '슈퍼푸드', '천연', '최초' 등 객관적·과학적으로 입증되지 않은 문구를 함부로 사용할 경우 최대 10년 이하의 징역, 1억 원 이하의 벌금형을 받게 된다. '만지고 싶은 젤리' 등 성적 호기심을 유발하는 문구도 사용해서는 안 된다.

'최초'임을 입증할 수 없는데도 '국내 최초로 수출한 회사' 같은 문구를 사용하는 것도 금지된다. 'A 상품과 달리 우리 B 상품은 ○을 첨가하지 않습니다'처럼 타사 상품을 비방하는 문구도 허용되지 않는다. 음료에 '○○수', '○○워터' 등 먹는물로 오인할 수 있는 상품명을 표시해서도 안 된다. 단 상품의 주 표시면에 글자크기 14포인트 이상으로 '탄산수' 등 식품유형을 표시하는 경우에는 허용된다.

소비자를 속이는 광고도 금지된다. 고춧가루에는 원래 고추씨가 들어가지 않는데도 '고추씨 무첨가'라고 표시하거나, 면·양념육류·소스 등에 타르색소 사용이 원래 금지되어 있는데도 '색소 무첨가'라고 광고하는 행위 등이 이에 해당한다. 'MSG무첨가' 등 식품첨가물의 기준 규격 고시에 규정되지 않은 명칭을 사용하는 광고도 안 된다.

'환경호르몬'이나 '프탈레이트' 등 범위를 구체적으로 정할 수 없는 인체 유해물질이 포함되지 않았다는 광고나 자연 상태의 농·임·수·축산물에 '천연' 또는 '자연' 등의 용어를 쓰는 것도 금지된다. 식품 용기를 복권이나 화투로 표현해 사행심을 조장하거나, 성기 또는 나체 표현 등 성적 호기심을 유발하는 그림, 사진, 문구를 사용하면 안 된다.

식품의약품안전처는 지난해 말부터 일반식품도 과학적 근거가 있다면 기능성 표시를 할 수 있게 하는 '일반식품 기능성 표시제'를 시행했다. 소비자의 선택

국내 첫 기능성 표시 1호 일반식품인 풀무원 'PGA플러스 칼슘연두부'
출처: 뉴시스

권을 넓히는 한편 부당한 표시와 광고를 차단하기 위해서다. 시행에 따라 인삼, 홍삼, 클로렐라, 스피루리나, 프로폴리스 추출물, 구아바잎 추출물, 바나바잎 추출물, EPA 및 DHA 함유 유지 등 29종을 사용한 식품은 기능성 표시를 할 수 있다.

– 김동현, 〈'기능성 표시제 시행'...식품업계, 카테고리 확장 '박차'〉, 뉴시스, 2021. 1. 15.

의약품, 허위 표현 사용 금지

의약품이 아닌데 의학적 효능·효과 등이 있는 것으로 표시·광고하는 행위는 약사법(제61조 제2항, 화장품법 제13조 제1항)에 의해 금지된다. 예를 들어 다이어트 기능에 효과가 있다는 표현은 체중 조절용 조제 식품 또는 다이어트 건강 기능 식품에만 표시가 가능하다. 다이어트 기능성 상품인 경우에도

'지방을 태운다, O주에 Okg 감량'과 같은 과대 광고는 불가하다.

공정위에 따르면 바디프랜드는 지난해 자사 홈페이지와 신문 등에서 하이키를 "세계 최초의 성장기 청소년 안마의자"로 소개하며 키 성장 및 집중력·기억력 향상에 효과가 있다고 광고했다. 광고에는 '더 큰 사람이 되도록, 키에는 쑤-욱 하이키' '브레인마사지를 통한 집중력 및 기억력 향상' '아이에게 키와 성적을 선물하세요' 등의 문구가 포함됐다. 공정위 조사 결과 청소년 키 성장에 도움을 준다는 하이키의 효능은 검증되지 않은 내용으로 밝혀졌다. 공정위는 "바디프랜드는 임상시험 등을 통해 키 성장 효능을 실증한 적이 없다"며 "회사 스스로도 키 성장 효능이 없다고 판단하면서도 효능이 있는 것처럼 광고했다"고 설명했다.

– 박광연, 〈'키 성장' 효능 없는 것 알고도…바디프랜드 안마의자 허위 광고〉, 경향비즈, 2020. 7. 15.

출처: 경향비즈

친환경 인증을 받지 않은 상품은 '친환경' 문구 금지

환경성 표시·광고는 사실에 근거해 명료하게 표현해 소비자를 기만하거나 오인시킬 우려가 없어야 된다. 예를 들어 상품 앞면에 '썩는 비닐'로 표시하면서, 뒷면에 알아보기 어려운 작은 글자로 '25℃ 이상, 습도 50% 이상인 조건에 한함'이라는 단서 조항을 기재하면 안 된다.

표시·광고에서 설명하는 상품 대상도 소비자가 오인하지 않도록 구체적으로 표현해야 한다. 포장지만 재활용되는 상품에 단순히 '재활용 가능'이라고 표시·광고하는 것은 소비자가 내용물도 재활용할 수 있다고 오인할 여지가 있어 '재활용 가능 비닐 포장 사용'으로 표시해야 한다.

법적으로 지켜야 하는 의무 기준을 마치 자발적으로 환경성을 개선한 상품인 것처럼 표현하는 것도 금지된다. 법적 의무인 KC 인증을 근거로 'E1 등급 친환경 가구'로 표시하면 안 된다. 법적 의무 기준 이상인 경우에만 'E0 등급 이상의 친환경 자재를 사용한 가구'라고 표현할 수 있다. 표시·광고에서 표현하는 정보는 과학적 사실을 근거로 완전성을 갖춰야 한다. 예를 들어 상품에 비스페놀-A(BPA)가 검출되지 않았다고 해서 '환경호르몬 불검출'로 표시하면 안 된다. 환경호르몬은 비스페놀-A뿐만 아니라 다양한 물질이 포함되기 때문이다.

참고로 상품의 거짓·과장 광고로 확인된 상품은 해당 표시·광고 행위 중지 명령 등의 행정처분을 받기 때문에 온·오프라인 유통업체, 제조업체, 판매업체 등 환경성 표시·광고에 관련 있는 기업의 관계자는 '제품 환경성 표시·광고'의 제도 소개 및 주요 위반 사례를 통한 광고·표시 방법 교육을 꼭 받는 것이 좋다.

'친환경'이란 용어는 국내 인증 상품에 한해 사용이 가능하며, 해외에서 친환경 인증을 받았지만 국내에서 인증을 받지 않았다면 '친환경'이란 용어를 사용할 수 없다. 이러한 상품 중 국내 소비자들에게 사랑받고 인지도가 높은 상품이 있다면 '넬리 세제'를 빼놓을 수 없다. 넬리는 까다롭기로 유명한 미국 유기농 매장 홀푸즈마켓(Wholefoods Market)과 캐나다 유기농 매장 초이스마켓(Choices Market)에 판매되는 천연 소다를 주원료로 해 만든 주방, 세탁세제다.

넬리 세제는 캐나다 친환경(Eco Logo) 인증을 받았으며 동물실험을 하지 않았다는 'Leaping Bunny Certified' 인증을 받은 브랜드

국내 소비자들에게 인지도가 높은 해외 친환경 세제 '넬리'
출처: 이든힐(edenhill) 홈페이지

로 동물 애호가들의 사랑을 받고 있는 브랜드 중의 하나다.

넬리 세제를 독점수입유통하는 ㈜이든힐은 환경성 표시·광고에 따라 상품명, 상세설명, 광고배너 등 친환경 문구 대신 '자연주의 세제, 안심 세제'로 표기하였으며, 생분해도와 피부 저자극 검증, MIT/cMIT등 안 좋은 성분들이 존재하지 않음을 입증하는 검사성적서, 시험성적서를 포함한 과학적인 사실 근거자료를 바탕으로 판매하고 있다.

생활화학제품에 '무공해, 무독성 등' 표현 금지

가습기 살균제, 살충제 달걀, 발암물질 생리대, 잘못된 소독제 사용 등 일상에서 사용하는 상품의

안전확인대상생활화학제품 종류(39개 품목)

품목군	세부 품목			
세정제품	①세정제	②제거제		
세탁제품	①세탁세제	②표백제	③섬유유연제	
코팅제품	①광택 코팅제	②특수목적코팅제	③녹 방지제	④다림질보조제
접착·접합제품	①접착제	②접착제		
방향·탈취제품	①방향제	②탈취제		
염색·도색제품	①물체 염색제	②물체 도색제		
자동차용 전용 제품	①자동차용 워셔액	②자동차용 부동액		
인쇄 및 문서 관련 제품	①인쇄용 잉크·토너	②인주	③수정액 및 수정테이프	
미용제품	①미용 접착제	②문신용 염료		
살균제품	①살균제	②살조제	③가습기용 항균·소독제제	
	④감염병 예방용 살균·소독제제		⑤기타 방역용 소독제제	
구제제품	①기피제	②보건용 기피제	③보건용 구제·방지·유인살충제	
	④감염병 예방용 살충제		⑤감염병 예방용 살서제	
보존·보존처리제품	①목재용보존제	②필터형 보존처리 제품		
기타	①초	②습기제거제	③인공 눈 스프레이	
	④공연용 포그액	⑤가습기용 생활화학제품		

※도장 등에 사용되는 인주, 수정액 및 수정테이프, 공연용 포그액, 가습기용 생활화학제품* 등 4개 제품은 '21.1월부터 신규관리 품목 추가
*가습기용 생활화학제품이란, 가습기에 물 이외에 넣어 쓰는 가습액 등 가습기에 사용되는 생활화학제품을 말함

출처: 한강유역환경청

유해사례가 드러나면서 케모포비아(Chemophobia, 화학 생활용품 공포증)에 대한 불안감이 커지고 있어 제조·수입·유통업체는 판매 시 주의가 필요하다.

표시·광고할 수 없는 문구로는 무독성, 환경·자연친화적, 무해성, 인체·동물친화적 등 사람·동물의 건강과 환경에 미치는 부정적 영향에 대한 오해를 일으키는 문구 또는 이와 유사한 표현 등이 있다. '무공해', '무독성'과 같은 절대적인 표현을 사용할 때에는 각별히 주의해야 한다. 세제의 경우 '무공해 주방세제'라는 표시는 적절하지 않으며 '생분해도가 우수한 주방세제로 수질오염 저감'이라는 구체적인 표현을 써야 한다.

안전확인대상 생활화학제품이란 방향제·세정제 등 가정·사무실·다중이용시설 등 일상적인 생활공간에서 사용되는 화학제품으로서 사람이나 환경에 화학물질이 노출될 가능성이 있는 상품 중에 사람 또는 환경에 피해를 줄 수 있는 위해성이 있다고 인정되어 환경부장관이 지정·고시한 생활화학제품을 말한다.

SNS 광고 표시 문구

일부 인플루언서(SNS에서 영향력이 큰 유명인)들이 경제적 대가를 받아놓고 그 사실을 숨긴 채 상품 후기를 작성·제작하는 사례가 늘면서 유튜브나 인스타그램 등 SNS

'추천·보증 등에 관한 표시·광고 심사지침'을 클릭하면 권고 문구가 구체적으로 기재되어 있다.
출처: 공정거래위원회

별 광고 게시 방법을 규정해 표시·광고를 의무화했다. 인플루언서가 게시글에서 소비자가 명확히 인지할 수 있도록 '광고'라고 표기하도록 규정했다. 공정거래위원회 홈페이지에 접속하면 자세한 내용을 확인해볼 수 있다.

다음과 같은 특성을 만족해야 SNS 매체별로 추천·보증 광고를 진행할 수 있다.

- 경제적 이해관계를 표시한 문구를 추천 보증 내용과 함께 근접한 곳에 표시
- 광고를 접하는 소비자들이 쉽게 인식을 할 수 있는 색상, 문자 크기
- 추천 또는 보증 등의 언어와 동일하게 사용되는 언어 표시
- 금전적 지원과 할인, 협찬을 제공받았음을 소비자가 알 수 있도록 표시

본문 중간에 끼워 넣거나 댓글이나 댓글 '더보기'를 눌러야만 볼 수 있는 부분에 삽입하면 안 된다. 돈을 받고 콘텐츠를 만들었다는 사실을 소비자들이 쉽게 확인할 수 있도록 해야 한다. 해당 문구는 적절한 글씨 크기와 색상을 사용해야 한다. 글씨 크기가 너무 작거나, 배경과 구분하기 힘든 색상은 금지된다. 구체적으로 어떤 대가를 받았는지 밝혀야 한다. '일주일 동안 사용해봄', '체험단', '홍보성 글임' 등 애매한 문구는 쓰면 안 된다. 해시태그로 브랜드명이나 상품명만 표시해서도 안 된다. 한국어 게시물이라면 광고라는 사실도 한국어로 표기해야 한다. 'Thanks to', 'AD', 'Collaboration', 'Partnership' 등은 사용할 수 없다.

인스타그램의 경우

첫 번째 해시태그에 '광고입니다'와 같은 문구를 넣어야 한다. 또는 사진 내에 표시하되 사진·본문이 연결되어 소비자가 쉽게 인

식을 할 수 있는 경우엔 본문의 첫 부분에 표시할 수 있다.

유튜브의 경우

인터넷에 올리는 영상은 제목 또는 영상 시작과 끝부분에 경제적 대가 표시 문구가 들어가야 한다. 제목에 '[광고] ○○ 리뷰' 같은 문구를 포함시키거나, 시작·끝부분에 '협찬받았음' 등의 자막을 삽입해야 한다. 이와 함께 방송을 중간부터 보는 시청자도 광고임을 알 수 있도록 해당 문구를 5분 단위로 반복해 표시해야 한다. 유튜브 라이브 방송이나 아프리카TV와 같은 실시간 방송의 경우 실시간 자막으로 광고 사실을 시청자에게 통지해야 한다. 자막 삽입이 여의치 않아 음성으로 광고 사실을 알릴 경우 5분마다 "광고료를 지급받았다"라고 언급해야 한다.

블로그와 인터넷 카페의 경우

올리는 글에는 '원고료를 받았다' 등의 광고 표시 문구를 첫 부분 혹은 끝부분에 적되, 본문과 구분해야 한다. 내용 중간에 삽입하는 등의 소비자 혼란을 유발하는 것은 금지된다.

네이버는 뒷광고의 논란이 거세지자 공식 블로그에 "대가성 표기가 미흡한 '뒷광고' 블로그 글은 통합검색 노출을 제한할 수 있다"라고 주의를 당부했다.

| 제품 광고 시 구별해야 할 사용 문구 |

넣어야 할 문구	조리식품 사진이나 그림을 사용하는 경우 사용한 사진이나 그림 근처에 '조리예', '이미지 사진', '연출된 예' 등의 표현을 10포인트 이상의 글씨로 표시
	한입 크기로서 작은 용기에 담겨 있는 젤리류 상품은 잘못 섭취에 따른 질식을 방지하기 위한 경고문구를 표시(예: 얼려서 드시지 마십시오. 한 번에 먹으면 질식의 위험이 있으니 잘 씹어 드십시오. 5세 이하 어린이 또는 노약자는 섭취를 금하여 주십시오.)
	카페인 함량을 ml당 0.15mg 이상 함유한 액체식품은 '어린이, 임산부, 카페인 민감자는 섭취에 주의하여 주시기 바랍니다' 등의 문구 표시 및 주표시면에 '고카페인 함유'와 '총카페인 함량 ○○○mg'을 표시
	수입 상품이 'Alcohol free' 문구가 있는 무알코올 식품인 경우라면, '무알코올(성인용)' 표시
	친환경 인증을 받은 상품이 아닐 경우 '자연유래', '자연주의', '자연친화', '안심세재' 등으로 표시
	SNS 광고 시 '[광고] ○○ 리뷰', '협찬받았음', '광고입니다', '광고료를 지급받았다'로 표시
주의해야 할 문구	타사 상품 비방 문구(예: 다른 ○○와 달리 이 ☆☆는 △△△△△을 첨가하지 않습니다)
	상품의 효능·효과를 광고할 때 절대적 표현(예: 최고, 최상, 천연, 최초, 슈퍼푸드 등)
	음료에 '○○수', '△△워터' 등 먹는물로 오인할 수 있는 문구
	'지방을 태운다', '○주 ○○kg 감량'과 같은 과대 문구
	'만지고 싶어지는 젤리'와 같은 성적호기심 유발 문구
	세제의 경우 '무공해 주방세제'라는 표시 대신 '생분해도가 우수한 주방세제로 수질오염 저감'으로 표시

꼭 알아야 할 전자상거래법

요즘 많은 사람이 사용하는 배달 앱 주문 과정에서 개인정보 유출 사례가 늘고 있다. 그에 따른 배달 앱 회사의 책임과 의무를 강화하고, 피해 발생 시 가맹점주 등과 배달 앱이 연대 책임을 지도록 하는 '전자상거래 등에서의 소비자보호에 관한 법률(이하 전자상거래법)' 일부개정안이 발의되었다. 온라인 플랫폼에서 이뤄지는 거래로 인한 소비자 피해를 방지하기 위해 공정위가 온라인 플랫폼 기업에 대한 규제를 이중삼중으로 강화하고 있다.

전자상거래법 개정안에는 소비자 피해가 발생하면 플랫폼 업체도 거래 관여도에 따라 그에 상응하는 책임을 물리는 내용이 담긴다. SNS 플랫폼 거래 관련 피해구제를 위해 온라인 판매자, 온라인 플랫폼 운영 사업자의 협조가 필요하다.

소비자 불만 및 피해유형

한국소비자원에 따르면 2020년 1월부터 10월까지 1372소비자상담센터에 접수된 SNS플랫폼 거래 관련 소비자상담은 총 3,960건이다. 소비자 불만·피해 사례 가운데 '배송 지연·미배송'이 60%로 가장 많았다. 이어 '계약해제·청역철회 거부'가 19.5%, '품질 불량·미흡'이 7%, '폐업·연락 두절'이 5.8% 등으로 조사되었다. 배송 지연의 경우 구입일로부터 1년이 지나도록 상품을 받지 못한 사례도 있었다. 특히 거래 진행에 있어 소비가 다수 SNS플랫폼에서 동시에 이뤄지고 판매자 정보 확인이 어려운 상황이다. 소비자들이 구입처나 사업자 정보, 연락처 등을 확인할 수 없는 경우도 종종 있었다.

SNS 플랫폼 거래 소비자 불만 및 피해 유형

유형	건수	비율	유형	건수	비율
배송 지연, 미배송	2372	59.9%	수수료 과다	193	4.9%
계약 해제, 청약 철회 거부	775	19.5%	부당 표시 광고	86	2.2%
품질 불량 및 미흡	278	7.0%	부당 행위	24	0.6%
폐업, 연락 두절	229	5.8%	확인 안 됨	3	0.1%

* 2020년 1~10월 기준

출처: 한국소비자원

위 소비자 불만·피해 유형의 판매자 필수 준수사항을 실제 사례를 바탕으로 어떤 전자상거래법에 위반되는 상황인지 알아보고 온라인 판매자, 온라인 플랫폼 사업자는 소비자들의 안전한 전자상거래 이용을 돕는 데 협조할 수 있기를 바란다. 아울러 우리는 온라인 소비자의 위치이기도 하다. 기본적인 정보를 알고 피해를 입지 않도록 주의해야 한다.

배송 지연 · 미배송 위반

A씨는 2019년 3월4일 네이버 카페에서 196만 원짜리 명품 가방을 샀다. 구입 당시 해외 배송이어서 배송기간이 4주 정도 걸린다고 했는데, 1년이 지나도 제품은 오지 않았다. 여러 차례 판매자에 연락했지만, 연락이 끊기고 말았다.

– 문채석, 〈200만 원 가방 해외직구 '먹튀'…SNS 피해보상 체계 미비〉, 아시아경제, 2021. 1. 17.

B씨는 경매사이트에서 스캐너를 구입했다. 하지만 약속된 배송일이 지나자 이에 대해 항의했다. 그러나 업체는 배송 지연이 판매자 측의 잘못이라며 책임을 회피했다. B씨는 판매자와 경매사이트 모두에게 배송 지연 책임을 물을 수 있을까?

전자상거래법 제20조1항, 2항에 의해 판매중개자는 거래 과정에 대한 책임이 없음을 사전에 밝히지 않은 경우, 소비자가 입은 피해에 대해 중개를 의뢰한 자와 '연대해 배상할 책임'을 진다.

거래 기록 보존 의무 위반

C씨는 어학시험을 신청하고 접수일로부터 7일 이내에 신청을 취소했는데도 접수비를 100% 환불받지 못했고 신청 취소 관련 기

록이 전부 삭제되었다.

전자상거래법 제6조 제1항에 의해 사업자는 대금결제 및 재화 등의 공급에 관한 분쟁 등이 발생할 경우를 대비해 구입자 주장의 입증자료로서 상품의 주문자, 주문품목, 대금결제액, 배송지 등 거래 기록을 5년간 보존해야 하는 의무가 있다.

신원정보 표시 의무 위반

D씨는 좋아하는 음악을 내려받고자 음원서비스를 제공하는 사이트에 접속했는데, 사업자 정보 공개페이지, 호스팅 주소, 이용약관 등 사업자 신원을 확인할 수 있는 화면을 찾아볼 수 없었다.

전자상거래법 제10조 제1항에 의해 전자상거래를 하는 온라인몰 사업자는 소비자가 사업자의 신원을 쉽게 알 수 있도록 자신의 신원정보를 온라인몰 초기화면에 표시해야 한다.

통신판매업자 정보 표기 의무 위반

E씨는 일회성이 아닌 반복적으로 같은 SNS 마켓에서 예쁜 옷을 보고 구매하기 위해 사이트에 접속했는데, 사업자등록정보, 통신판매 신고번호, 전자우편 등 사업자 신원을 확인할 수 있는 화면을 찾아볼 수 없었다.

전자상거래법 제12조 제1항에 의해 SNS 마켓 판매자도 통신판매업자에 해당하므로, 재화 판매 전에 시·군·구청에 통신판매업 신고를 해야 한다. 또한 전자상거래법 제13조 제1항에 의해 전자상거래를 하는 온라인몰 사업자와 SNS 마켓에서 재화 판매 시 상호·대표자 성명, 주소·전화번호, 통신판매 신고번호 등을 표시해야 한다.

통신판매업 신고를 면제받을 수 있는 기준이 있다. 직전년도 간이과세자이거나 직전년도 거래횟수 50회 미만인 경우가 이에 해당한다. 여기서 50회는 물건의 종류가 아니라 1개의 물건을 올렸더라도 구매 횟수가 50번 이상이면 거래 횟수 50회에 해당한다.

주의할 점은 통신판매업 신고가 면제되어도 전자상거래법이 적용된다는 것이다. 신고만 안 해도 되는 것이지 전자상거래법은 꼭 지켜야 한다.

상품 및 거래조건에 대한 정보제공 의무 위반

F씨는 인플루언서가 운영하는 SNS마켓에서 원피스를 구입하려 했는데 상품 소개 페이지에 소재, 치수 등만 표시한 채 품질보증기준, 세탁 시 주의사항이 누락되었다.

전자상거래법 제13조 제2항에 의해 통신판매업자는 소비자가 거래조건을 정확하게 이해하고 실수나 착오없이 거래할 수 있도록 적절한 방법으로 표시하거나 고지해야 한다.

미성년자의 계약에 대한 법정대리인의 취소권

10대인 G씨는 즐겨보는 아프리카TV 1인 미디어 채널에서 실제 가격보다 낮은 금액을 보고 휴대폰 결제로 30만 원치 별풍선을 구입했는데 이보다 더 많은 금액이 결제된 것이 확인되었다. 알고 봤더니 아이템 가격을 표시하면서 부가가치세(VAT)를 포함하지 않은 것으로 드러났다. 과연 결제를 취소할 수 있을까?

전자상거래법 제13조 제3항에 의해 미성년자와 거래하고 있으면서도, '법정대리인이 그 계약에 동의하지 아니하면 미성년자 본인 또는 법정대리인이 그 계약을 취소할 수 있다'라는 내용을 미성년자와의 계약 체결 과정에서 별도로 고지해야 한다.

청약 철회 방해 행위

전자상거래법상 소비자의 청약 철회가 인정되는 법정기한이 있음에도 불구하고 사업자가 임의로 청약 철회 방해 문구로 청약 철회 기준을 알림으로써 소비자의 청약 철회를 방해했다. 다음은 온라인 쇼핑몰 청약 철회 방해에 대한 예시 문구다.

- 교환, 환불 불가 상품: 수령 후 5일이 경과한 상품
- 상품 수령 이후 3일 이내 접수, 7일 이내 도착해야 철회 가능
- 판매자가 미리 공지하고 고객 동의 하에 주문, 제작에 들어간 경우 교환 / 환불의 의무가 없음
- 단순 변심, 배송 지연으로 인한 교환 및 환불은 불가함
- 교환, 환불 시일(24시간 이내)을 초과한 경우 교환, 환불 불가함
- 불량인 상품을 받은 경우 상품 수령 후 24시간 이내 댓글로 남기면 교환할 수 있음

전자상거래법 제21조 제1항 제1호에 의해 전자상거래를 하는 사업자 또는 통신판매사업자는 거짓 또는 과장된 사실을 알리거나 기만적 방법을 사용해 소비자의 청약 철회를 방해해서는 안 된다. 이는 공급받은 날 등으로부터 7일 이내에 청약 철회가 가능한 청약 철회에 관한 규정을 위반한 행위다.

단순변심 환불 가능 규정 위반

온라인 쇼핑몰을 통해 그레이 컬러의 니트를 구매한 H씨는 물품을 배송받은 후, 색상이 마음에 들지 않아 착용해보지 않고 환불을 요청하기로 결심했다. 그러나 쇼핑몰 사이트에 기재된 '니트 소재 상품 및 색감 차 사유는 교환, 환불 불가'라는 문구 때문에 환불 요청을 망설이고 있다.

전자상거래법 제17조 1항에 의해 소비자의 과실로 인해 물품이 훼손된 경우를 제외, 물품을 받은 날로부터 7일 이내에 환불받을 수 있다. 만약 판매자가 환불 또는 교환을 거부할 경우에는 한국소비자원, 서울시 전자상거래센터 등에 피해 사실을 신고해 분쟁조정을 신청할 수 있다.

또한 해당업체의 '특정 색상 또는 소재의 상품에 대한 교환, 환불 불가'라는 명시는 다음의 법 조항에 위배되는데 전자상거래 등에서의 소비자보호지침 9-4에서 '거짓 또는 과장된 사실을 알리거나 기만적 방법을 사용해 청약 철회 또는 계약의 해지를 방해하는 행위'에 해당된다.

품질불량 환불 가능 규정 위반

I씨는 인터넷쇼핑몰을 통해 구두를 구입했다. 착용 후 불량품임을 알고 교환을 요청했으나, 업체 측은 F씨가 하자 있는 상품을 착용했다는 이유로 교환을 거절했다. F씨는 해당 쇼핑몰에 교환을 요청할 수 있을까?

전자상거래법 제17조 3항에 의해 '재화 등의 내용이 표시·광고의 내용과 다르거나 다르게 이행된 경우'에 해당되어 소비자가 불량제품을 착용하거나 사용했더라도 최대 3개월 이내에 교환, 반품이 가능하다.

온라인 쇼핑의 피해를 미리 예방하라

온라인 쇼핑을 하다가 흔히 마주하는 문제들에 대한 전자상거래법의 조항들을 살펴보았는데, 위와 같은 문제 발생을 예방할 수 있는 방법 중 하나는 결제대금 예치제도 '에스크로(ESCROW)' 서비스다. 에스크로는 소비자가 결제한 대금이 바로 판매업자에게 이전되는 것이 아니라, 공신력 있는 결제대금 예치업자가 이를 먼저 맡아두고 상품이 소비자에게 전달된 후에 맡고 있던 대금을 판매업자에게 전달하는 서비스다.

전자상거래가 활성화된 요즘에는 통신판매업 신고 시 이와 같은 에스크로 서비스 신청이 필수이다. 신청이 완료되어 에스크로

서비스가 적용되면 아래의 마크를 SNS마켓 또는 쇼핑몰 사이트 등에 명시해야 한다. 보다 안전한 쇼핑을 위해서는 이러한 결제대금 예치제도를 적용하는 쇼핑몰과 거래하는 것이 좋다.

이니페이 에스크로 가입사실 확인

결제보안 작동중

ESCROW INIPAY KG Inicis

아래와 같이 **mylivinglab.net**은 (주)이니시스의 결제대금 예치서비스인 이니페이 에스크로의 이용사용자로 등록하여 에스크로 서비스를 제공하고 있으며, 귀하의 결제 정보의 보안이 최상의 상태로 유지되고 있습니다.
결제대금예치업 등록번호 : 02-006-00013

상호	(주)투네임컴퍼니
사업자번호	7968801355
URL	mylivinglab.net
에스크로 결제수단	실시간계좌이체,가상계좌
인증상태	인증 (2020-11-08 ~ 2021-11-07)

이니시스 결제 인증마크는 전자결제 No.1 이니시스의 심사를 통과하여 이니시스의 결제 시스템을 탑재한 가맹점만이 이용할 수 있습니다.

[이니시스의 결제 시스템의 특징 자세히 보기]

구매욕을 끌어내는 상품 리스팅

물건 하나를 사더라도 오프라인보다는 온라인에서 구매하는 사람이 늘어나면서 그만큼 경쟁이 치열해졌다. 이에 따라 상품과 서비스, 배송 등 다양한 부분에서 경쟁력을 높이기 위한 노력이 시도되고 있다. 그중 상품의 첫인상인 상품의 상세페이지, 특히 '리스팅 이미지'는 고객이 상품에 호기심을 갖게 한다.

리스팅이란 쇼핑몰에 상품을 등록하는 것을 의미한다. 리스팅을 할 때는 상품명과 이미지, 혜택을 포함해 판매할 상품을 가장 잘 표현해서 등록해야 한다. 이는 구매로까지 이어지게 하는데 가장 크게 영향을 미치는 요소이기 때문이다.

소비자의 입장에서 클릭을 유도할 수 있는 타이틀인 상품명, 마음을 자극하는 상품 이미지, 감성 터치는 물론 혜택을 상상하게 해주는 상세설명, 고객이 더 쉽게 결정을 내릴 수 있도록 유도해주는 쿠폰 등 이러한 가장 기본적인 '판매기법' 요소가 효과를 발휘하기 위해서는 먼저 상품의 철학과 타깃이 구체적으로 정해져 있어야 한다. 그랬을 때 요소들이 적절히 조화를 이뤄 가장 최적화된 리스팅 이미지를 만들 수 있다.

고객의 눈을 사로잡는 상품명

요즘 10대~30대 초반 구매층은 기존 상품에 대한 충성도는 상대적으로 낮고, 신상품에 대한 막연한 거부감이나 두려움이 없다. 또 새롭게 접하는 상품의 이름이 어렵거나 섭취 등 사용법이 까다로우면 금방 흥미를 잃거나 쉽게 피로감을 느끼고, 곧바로 이를 대체할 또 다른 새 상품을 찾아 나서는 경향을 보인다.

이에 트렌드 변화를 민감하게 받아들이는 업체들은 흥미와 재미를 손쉽게 얻거나 잃는 최근의 소비 패턴 속 자사 상품에 대한 '강렬한 인상'을 남기기 위해 애쓰고 있다. 상품명만 보고도 고객이 상품의 성능을 직관적으로 파악할 수 있도록 고객 중심의 상품 리스팅을 강화해 눈길을 사로잡고 있다.

좋은 사례로 빈스힐의 빼자카페, 빼자모닝, 빼자커피 시리즈가 있다. '빼자'라는 이름은 패키지에 그려진 여성 캐릭터의 이름 같기도 하면서 독특하면서도 복고적인 느낌을 살린다. 그러면서도 상품을 섭취하면 어떤 효과를 볼 수 있는지 고객의 혜택을 직관적으

고객에게 상품명으로 제품의 성능을 직관적으로 알려주는 '빼자카페' 출처: 빈스힐 홈페이지

로 느끼게끔 한눈에 들어온다. '빼자카페'라는 상품명은 고객이 헷갈리지 않도록 어떤 군더더기 없이 짧고 명확할 뿐만 아니라 '다이어트', '날씬한 습관', '굿바이 헬지방' 등 여러 가지 키워드를 사용하면서 혜택까지 상상하게 만들어준다.

그러나 요즘 판매되는 상품들의 상품명은 키워드스터핑(Keyword Stuffing, 키워드 채워넣기)에 물들어 있다. 네이버쇼핑, 네이버 스토어팜, SNS마켓 등에 입점해 판매하기 때문에, SEO(검색 최적화)를 고려해 상품명을 아주 길게 만드는 것이다. 그런데 문제는 아주 길게 만든 상품명은 고객에게 와닿지 않는다. 다음 상품의 이름을 한번 살펴보자.

○○○ **뉴캐슬 좌식 소파 커피 티 테이블 좌식식탁 거실 좌탁 엔틱테이블**

타깃팅한 키워드 자체는 검색량도 많고 나무랄 데 없다. 그런데 문제는 고객의 입장에서 저 상품명을 읽었을 때 직관적으로 혜택을 느끼기엔 너무나도 많은 단어가 있다. 저 상품이 커피 티 테이

블인지, 좌식 식탁인지, 거실좌탁인지 전혀 알 길이 없다. 그저 중요하다고 생각하는 단어들을 모두 채워 넣는 데에 집중하거나 이와 같은 키워드를 잡으려고 노력한 것이다.

이럴 때는 '○○○ 원목 좌식테이블 800×480' 또는 ○○○ 직사각 다용도테이블 800×480'로 하는 것이 더 좋다. 고객이 이 상품을 자신의 공간에 배치했을 때 어울림(톤앤매너)을 상상하게 하는 것이 바로 고객이 알 수 있는 혜택 즉 키워드이기 때문이다.

과거에는 상품명을 만들 때 [브랜드 이름] → [상품 이름] → [기능/성능] → [소재/성분] → [색상/사이즈] → [일련번호] 등의 순서로 상품명을 공식화했다. 10년 전에는 입점기업들에게 입점 시 상품등록 가이드라인을 위와 같이 제공을 했었다. 이 공식은 판매자 입장에서 상품을 효율적으로 관리하기 편하다.

하지만 요즘에는 고객 입장에서 클릭을 유도하기 용이한 형태인 [브랜드 이름] → [상품 이름] → [주요기능] → [주요특성] 또는 [브랜드 이름] → [상품 이름] → [중요 혜택]으로 만들어진다. 항상 고객의 입장에서 생각해야 한다. 고객은 헷갈리는 걸 원치 않는다.

상품 이미지

상품 이미지는 온라인 쇼핑몰 판매의 핵심이다. 좋은 상품 이미지는 단순히 상품이 잘 나온 것을 의미하지 않는다. 신규 판매자의 상당수는 연출된 예쁜 사진을 찍는 데 공을 들인다. 고객이 원하는 건 예쁜 이미지가 아니라 정확한 이미지다. 고객들이 찾던 바로 그 상품이라는 설득의 메시지가 잘 녹아들어 있는 사진을 말한다.

예를 들어 오피스룩 의류를 팔려면 사무실에서 사진을 찍어야지 브런치 카페에서 찍으면 안 된다. 또한 텀블러를 팔려면 옆에 꽃이랑 외국 서적이랑 가져다 놓는 건 의미가 없다. 빛이 많이 들어오는 장소에서 텀블러 위주로 사진 수평을 맞춰 정확하게 찍는 것이 기본이다.

메인 이미지

메인 이미지는 고객이 살 상품이 정확히 무엇인지 한눈에 알아볼 수 있도록 누끼 사진(혹은 배경이 순백색)이어야 한다. 파일 형식은

출처: 클레어(clairshop) 홈페이지

출처: 한샘몰

JPEG(.jpg)로 하고 사이즈는 가로×세로가 정비율로 1,000~1,200사이즈로 준비한다. 참고로 국내 판매채널에서 기본이미지는 500사이즈 이상, 해외 판매채널에서는 1,000사이즈 이상의 이미지로 상품을 등록하게 되어있다.

또한 메인 이미지에는 텍스트 또는 로고 / 워터마크 / 삽화 이미지가 들어가서는 안 된다. 그 이유는 판매 시 1+1, 무료 배송, 해외직구 등 프로모션이나 중요 안내 문구, 일명 '딱지'라고 불리는 것을 상품 기본이미지에 붙이는 경우가 많기 때문이다.

전체 구성 이미지

이 상품이 대략 어느 정도 사이즈인지 디테일하게 알려줘야 한다. 또한 상품을 구매하면 정확히 무엇이 포함되어 오는지 이미지를 분명하게 보여주는 것이 좋다.

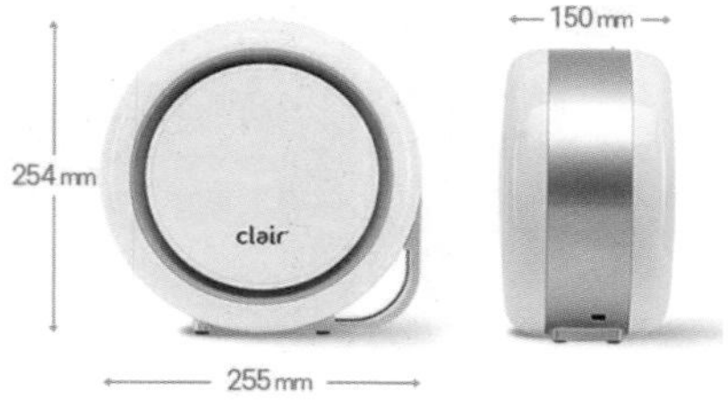

출처: 클레어(clairshop) 홈페이지

실제 사용 이미지 & 영상

실제 사용 이미지는 소비자에게 '이 상품을 구매하면 여러분의 삶이 이렇게 즐겁고 편해질 것이다!'라는 기대감을 주는 이미지다. 고객은 '내 문제를 해결해주는 상품', '나를 만족하게 해주는 상품'에 돈을 쓰기 때문에 물건을 사면 변화될 모습을 직접적으로 상상할 수 있도록 핵심 혜택이 두드러진 사진 또는 영상을 보여주면 좋다.

출처: 클레어(clairshop) 홈페이지

차별된 이미지 & 영상

다른 상품과는 차별된 기능을 알려주거나 이런 문제를 해결할 수 있다는 것을 '사용 전 / 사용 후' 사진으로 부각시켜준다면 사람

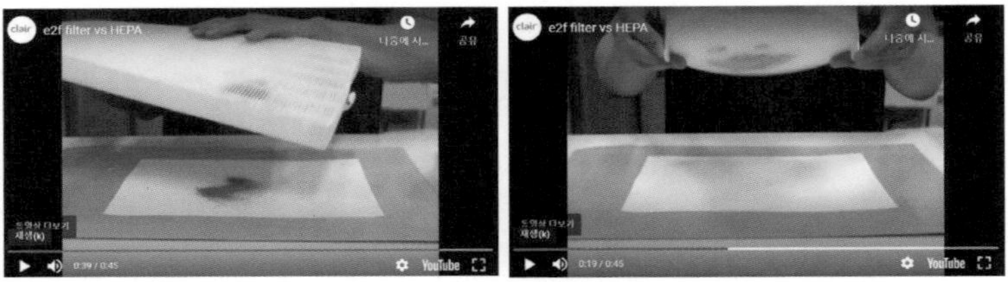

일반 공기청정기필터와 차별된 필터임을 영상을 통해 보여준다.
출처: 클레어(clairshop) 홈페이지

들에게 더 깊은 인식을 남길 수 있다.

활용 이미지

이 상품이 얼마나 사용하기 편한지, 또 어떤 성능이 있는지 이야기해주면 상품에 대한 호감도가 올라가고 '이렇게 활용하면 되겠구나'라고 소비자들이 상상하기 좋다. 더 자랑할 기능이나 고객에게 도움이 될 만한 것이라면 연출해 보여주자.

출처: 클레어(clairshop) 홈페이지

상세 페이지

온라인 특성상 상품을 직접 보고, 만지는 것은 불가능하다. 색상 질감 실제 크기 등도 정확하게 확인하기 어려워 시간을 내어 직접 오프라인매장을 방문해야 하는 경우도 많다. 이런 단점을 극복하기 위해 상품 상세페이지를 통해 세세한 정보를 전달하는 것이 요즘 추세다. 또 과거에는 상품 상세페이지의 역할이 단순 정보를 전달하는 것이었다면, 지금은 직관적 상품 소개는 물론 고객 신뢰와 구매 욕구를 불러일으키는 역할로까지 확대되었기 때문에 차별화를 원하는 쇼핑몰 운영자들이 상품 상세페이지에 주목하고 있다.

소비자들은 물건을 구매할 때 '어디서'가 아닌 '어떤 물건'을 사는가에 초점을 두고 있기 때문에 각 상품이 갖고 있는 매력을 효과적으로 전달할 수 있는 상세페이지의 중요성이 더욱 커졌다. 상품 상세페이지에는 상품 상세정보뿐만 아니라 브랜드 스토리, 상품의 감성, 구매를 유도하는 카피 문구 및 디자인 등을 적용해 소비자들의 눈길을 끌고 있는 기업들 또한 증가하고 있다. 이제는 상품을 검색하면 '쇼핑몰 메인화면'이 아닌 '상품 상세페이지'로 바로 이동하기 때문에 상품 상세페이지 기획과 제작의 전문성이 더욱 필요한 상황이다.

다음 사례는 국내 크라우드 펀딩 플랫폼 시장이 빠르게 성장하고 있고 이러한 시장 흐름에 맞춰 크라우드 펀딩의 상품 상세 페이지 중 인기 프로젝트에서 선별한 메디필의 '레비테놀 크림'이다. 나는 상품기획자로서 웬만한 상품에 크게 매력을 느끼지 못하는 사람이다. 상품을 구매하는 데 꽤 신중한 편인데 이 상품을 보고 바로 펀딩을 할 수 있었다. 그 이유는 전략 없이 상품의 장점만 내세우는 상세페이지가 아니라 데이터를 근거로 해 콘셉트를 기획을 하고 차별성과 설득력을 두루 갖추었기 때문이다. 이 사례를 통해 상세페이지에 담아야 할 상품 콘셉트를 정하는 법을 알아보자.

필요성

소비자는 상품이나 서비스 자체에 반응하는 것이 아니라 상품 콘셉트에 끌려 구매한다. 상품 콘셉트는 상품의 필요성과 차별성, 그리고 유형성의 곱셈(필요성×차별성×유형성)으로 완성된다.

필요성이란 소비자에게 해당 상품이나 서비스가 필요한 이유다. 상품이 소비자의 삶으로 투영됐을 때 나아질 것이라는 확신을 줄 수 있어야 한다. 상품 상세페이지 기획 단계에서 소비자의 삶에 접근이 쉬운 '주제'를 정해 즉각 사용(적용)할 수 있도록 정보전달을 설득력 있게 할 수 있다면 최종 구매로까지 이어지기가 쉽다.

사진에 나온 상품 설명은 필요성을 잘 부각한 사례다. 우리말에서 '결'이라고 하면 나무가 제일 먼저 떠오른다. '나뭇결'에서처럼 말이다. 또 피부, 머리카락, 비단과도 잘 쓰인다. 몇 년 전부터 우리말 표현 중에 '결이 다르다'라는 표현을 많이 보고 듣는다. '무언가 급이 다르거나, 사고나 방향성이 다르다'라는 뜻으로 폭넓게 쓰

'결'이라는 단어를 통해 상품의 필요성을 표현했다.
출처: 와디즈

이는 단어가 된 '결'이 소비자에게 쉽게 접근할 수 있는 주제가 되었고, 피부 잡티는 가려져도 결은 안 가려진다는 사실을 강조하며 상품의 필요성을 설득력 있게 잘 표현했다.

차별성

차별성은 다른 것으로는 대체할 수 없는 상품이나 서비스 고유의 성질이다. 소비자가 두 상품 중 무엇이 더 좋다고 이야기하는 것은 A보다는 B가 가지고 있는 '다른' 무언가가 개인의 취향에 더 맞는다는 의미이다. 실제로 소비자는 종종 '다른 것'을 '더 좋은 것'이라고 인식한다.

가령 스마트폰 시장에서 누군가는 삼성 갤럭시보다 애플의 아

상품을 사용했을 때 다른 사람과 달라진다는 상품의 차별성을 강조했다.
출처: 와디즈

이폰이 더 좋다고 이야기하고, 누군가는 그 반대로 말한다. 두 상품은 같은 프리미엄 스마트폰이고 성능도 비슷하지만, 서로 제시하는 '가치'가 다르기 때문이다. 경쟁사와는 다른 가치를 고객에게 제공하는 것, 바로 남다름으로 승부를 걸어야 한다.

차별화된 스토리에 인간의 소비 활동을 유발하는 인간의 3가지 심리 '탐욕', '공포', '호기심'을 적절히 이용하면 지속적인 판매에 성공할 확률이 높다. 1번째 이미지에서 피부결을 비교하는 사진과 '피부는 그 사람의 명함'이라는 한 줄 메시지로 피부가 좋지 않거나 피부 개선을 원하는 여성들에게 기초적인 욕구부터 타인과 비교해 좀 더 우월한 존재가 되고 싶어 하는 경쟁심, 자아실현을 위한 기능적인 보완 등을 모두 포함하고 있다.

2번째 이미지에서 '피부 속 콜라겐, 어떻게 관리하고 있나'라는 질문을 통해 자신의 피부를 염려하도록 유도한다. 많은 이들이 이유 모를 불안감에 자녀에게 유기농 식품을 사 먹이듯이 피부 속 콜라겐 관리를 안 하는 사람들이나 피부 속 콜라겐 관리를 하는 사람

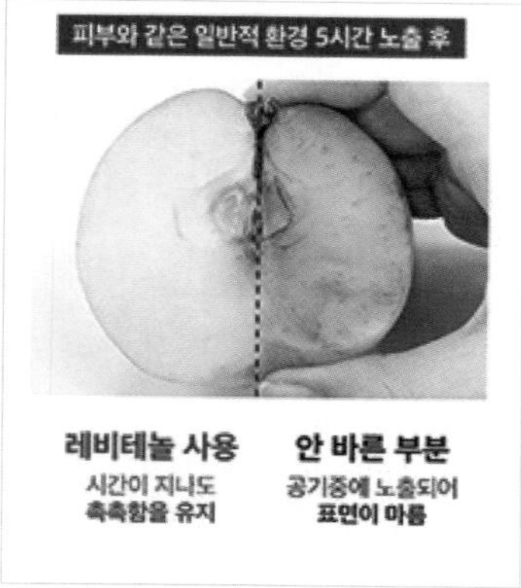

사과를 통해 상품의 유형성을 알렸다.
출처: 와디즈

모두에게 '밑빠진 독에 물 붓기'와 같은 메시지로 불안감을 심어주며 이 상품에 더욱 호기심을 가질 수 있도록 설명했다.

유형성

유형성이란 소비자가 상품이나 서비스의 가치를 구체적으로 느낄 수 있게 하는 요소다. 고객이 해당 상품이나 서비스를 오감으로 인지하게 해야 한다. 과거 락앤락에서는 지폐나 솜사탕을 담은 자사 밀폐용기를 물에 넣어 그 유형성을 부각했다.

이 상품의 핵심성분인 D-판테놀이 기능면에서 얼마나 우수한지 피부가 아닌 사과로 테스트한 결과를 보여주며 피부 속 건조와 당김을 해결하고 윤기와 광채를 더해줌을 오감으로 인지할 수 있도록 시각적으로 잘 보여줬다.

상품 상세페이지 제작을 위해서는 매일 비슷한 상품이 론칭되는 온라인 시장에서 데이터 수집에 정성을 쏟아야 한다. 소비자의 시각에서 장단점을 객관적으로 분석해 진정으로 상품을 필요로 할 가능성이 높은 고객군을 선정하고, 차별화된 스토리를 구상하는 것이 가장 중요하다. 사람으로 비유한다면 상품명은 이름, 상품 이미지는 얼굴이 될 것이며 상세페이지는 입은 옷과 같다. 기억에 남는 명확한 이름과 첫인상이 좋은 이미지, 그것만이 가진 개성 / 경쟁력을 디테일하게 잘 표현할 수 있다면 누구라도 사고 싶고 누구라도 원하는 매력적인 상품이 될 것이다.

상세페이지 작업 시 알아두면 좋은 무료 디자인 템플릿 사이트

- 미리캔버스: miricanvas.com
- 페이지킨: pagekin.com
- 캔바: canva.com/ko_kr

잘 팔리는 가격책정 방법

소프트웨어를 만들어서 무형의 자산을 판매하는 비즈니스나, 소비재를 만들어서 고객에게 직접 판매하는 비즈니스나 모두 '가격'을 고민한다. 1999년도에 인터넷쇼핑몰의 가격 비교뿐만 아니라 대형 할인점에서 판매되는 상품의 가격까지 비교해주는 인터넷 검색서비스가 등장하면서, 알뜰하고 합리적인 소비를 하려는 고객이 늘어났다. 인터넷 비즈니스에 있어서 가격은 고객의 구매 결정에 가장 중요한 요인으로 나타났다. 중요해진 가격은 대형 쇼핑사이트 간 '가격 전쟁'의 충돌로도 이어졌다.

과거 위메프가 '최저가 보상제' 실시 이후 이유를 알 수 없는 품절 처리, 판촉 지원을 거절하는 사례가 발생해 원인을 조사한 결과 쿠팡이 입점 업체에 납품가를 경쟁사 가격으로 낮추고 손실을 입점 업체가 부담하도록 압박한 일이 있었다. 이에 입점 업체가 손실을 줄이기 위해 매출 비중이 적은 위메프에서의 상품 판매를 중단

했다. 이커머스 매출 1위의 시장 지위를 차지하고 있는 쿠팡이 가격 꺾기와 손실 비용 전이를 요구하더라도 입점 업체들은 요구에 응할 수밖에 없고 이 비용 부담에 위메프 등 타사의 최저가 상품을 판매 중단하게 된 것이다.

이와 같이 일반적으로 유통업체 MD들은 입점 업체와 거래를 할 때 상품 공급 원가 등 타사보다 유리한 조건에서 거래하기 위해 노력한다. 이때 판매가격은 타사와의 거래 조건을 가늠해 볼 수 있는 기준이 된다. 경쟁사 판매가격이 자사보다 낮을 경우 경쟁사에서 마진을 낮춘 경우도 있지만 MD입장에서는 입점 업체가 경쟁사에 더 좋은 조건으로 공급한 것이 아닌가라는 의문을 갖게 되고 동일 조건으로 공급받고자 입점 업체 담당직원을 힘들게 하는 경우가 많다.

그러다보니 제조업체는 유통업체의 판매가격을 통제하려 든다. 특히 대형 제조업체 즉 브랜드 인지도가 높은 업체들은 유통업체에 대한 통제권을 강력하게 행사하는 경우가 많다. 반대로 MD 의견에 귀를 기울일 수밖에 없는 중소업체 경우, MD 능력에 따라 회사가 번성하기도 하고 반대로 시장에서 상품이 사장되거나 심할 경우 기업 경영에까지 타격을 입는다. 이처럼 가격을 책정하고 관리하는 것은 너무나 중요하다.

가격책정의 목적과 목표

대부분 대기업, 상장사는 경제적 이익을 최우선 가치로 여기며 매출 확대, 이익 증가, 원가 절감 등 계량화된 지표를 토대로 최대 이익을 얻고자 한다. 때로는 장기적인 미래가치를 확보하기 위해 이익 대신 매출량, 매출액에 목적을 두는 경우가 있는데 2010년대 쿠팡이나 WEWORK가 이런 목표를 공개한 바 있다. 기업은 때때로 자사의 상품을 널리 알리기 위해 낮은 가격으로 생산량이나 매출량을 증가시키고자 하는 욕구가 발생할 때가 있다.

중소기업, 창업기업은 그 기업이 진입한 산업의 특성에 따라 가격책정 목표가 모두 다를 수 있는데, 대부분 투여된 자본을 얼마나 효율적으로 운영해서 높은 산출이나 성과를 얻을 수 있는지 재무적 목표를 가지거나 품질 이미지 목표로 시장에서 자사의 포지셔닝을 확실히 인식시키려는 경우가 있다. 또 창업기업 중 사회적기업, 협동조합, 자활기업, 마을기업은 원가 이하의 가격책정을 시도하기도 하는데 고용 창출, 내부종업원 만족도, 외부사회가치 실현의 사회적 목표를 내세운다.

소비자의 상품 관여도

가격을 책정하기 전에 반드시 알고 넘어가야 할 개념이 있는데 바로 '상품 관여도'다. 일반적으로 고가의 상품들은 많은 고민 후 구매를 하게 되는 반면 저가의 상품은 대충 보고 구매를 하게 된다. 상품 관여도란 바로 상품에 관여해 구매한다는 뜻이다.

'관여도'라는 개념은 한마디로 소비자가 인지하는 상품의 중요성·가치라는 의미로 해석될 수 있다. 소비자에게 중요한 상품 또는 특히 선호하는 상품 즉 구매하기 전에 많은 시간과 노력을 기울이는 상품을 '고관여제품'이라고 부르며 반대로 소비자가 가치를 높게 두지 않는 상품 즉 시간과 노력을 많이 들이지 않는 상품을 '저관여제품'이라고 일컫는다.

고관여제품은 TV, 노트북, 냉장고, 보석, 자동차, 의료서비스 등 소비자가 구입할 때 적극적으로 정보를 탐색하고, 잘못된 구매선택을 했을 때 손실이 크게 발생하는 것들이 이 상품들에 해당한다. 한편 고관여제품 중에서도 스포츠카, 고급시계, 향수, 보석 등은 고관여제품이면서 소비자가 상품의 기능적인 가치보다는 상징적인 가치를 더 고려하는 경우다. 소비자는 이들 상품의 브랜드에 대해서 실용성보다는 감정과 느낌을 가지고 구매하며, 그 상품을 사는 자신의 모습과 지위를 상상하고 평가를 내리는 경우가 많다.

저관여제품은 초콜릿, 라면, 음료수 등과 같은 간단한 식품류,

세제, 샴푸, 면도기 등 소비자가 실용적인 이유로 상품을 구입하지만 관여도가 낮아서 습관적으로 구매하는 것들이 해당한다. 맥주, 담배, 음료 등은 감성 상품이면서 저관여제품이다. 소비자는 이 상품을 소비하면서 감각적인 만족을 추구하며 구매 시 기분에 좌우된다. 또한 잘못 사더라도 크게 손해를 보지는 않기에 신상품이 나오면 그 전에 샀던 것을 고집하지 않고, 새로운 것을 한번 사보기도 하는 성향의 상품들이 속한다.

따라서 고관여제품은 일반적으로 가격탄력성(상품에 대한 수요량은 그 상품의 가격이 상승하면 감소하고, 하락하면 증가)이 낮다. 한마디로 가격 차이가 나더라도 살 사람은 사는 것이다. 반면 저관여제품의 가격탄력성은 높다. 가격이 조금만 달라도 이탈할 가능성이 크다. 따라서 가격을 책정하기 전에 기업의 상품이 고관여제품인지 저관여제품인지 가장 먼저 체크 하는 것이 좋다.

3가지 가격책정 기준

기업은 다음 3가지 기준으로 상품의 가격을 책정한다.

원가기준(Cost Plus Pricing)

원가에 일정량의 마진을 붙여서 가격을 산출하는 방법으로 많은 상품의 가격을 동시에 매길 경우 사용하기에 편리한 방법이다. 하지만 고객 입장에서 상품에 대해 느끼는 가치가 감소해 소비량이 줄어들고 있는 상황에서 생산자는 고객의 입장을 고려하지 않고 생산량을 줄이고 단위 상품 당 원가를 올려 이윤을 확보하게 된다면 판매가 부진한 상황에서 가격 인상은 더 심각한 판매 부진으로 이어지는 악순환에 직면하게 된다.

또한 경쟁사가 가격을 낮출 경우, 원가기준 가격책정은 경쟁사 상품가격과 비교해 구매하는 고객 행동을 반영하지 못함으로써 상품의 판매가 감소하거나 경쟁사에 고객을 빼앗길 우려가 있다. 만일 도소매업을 하는 기업이라면 일시적으로 아주 많은 상품 카테고리의 가격을 매겨야 하므로 현실적으로 이 방법을 사용할 수밖에 없다.

경쟁사 기준(Competitor Based Pricing)

자사의 상품가격을 경쟁사에 의존해 가격을 책정하는 방법으로 경쟁사의 가격과 시장 상황에 따라 일정한 비율로 가격을 책정하는 방법이다. 실무에서 많이 사용되고 있는 경쟁사 기준 가격책정 방법은 생산에 따른 원가가 제대로 반영되지 못하고 고객이 지불하고자 하는 가격수준이 반영되지 못해 판매 이익의 손실이 발생할 수 있다. 하지만 경쟁사가 수시로 가격을 올리거나 내릴 수 있는 상품(스마트폰, 가전, 농수산물 등)일 경우 경쟁사 기반 가격책정이 필요하고 상품별 고객가치 측정이 필요하다.

고객가치 기반기준(Perceived Value Pricing)

상품의 가치에 대해서 고객이 어떻게 생각하는지 기준으로 한다. 경쟁관계에 있는 상품에 대해 고객이 느끼는 가치를 가격으로 환산해 판매량을 예측하고, 여기에 원가를 대비시켜 해당 가격에 따른 매출과 이익을 계산하는 방법이다. 이 방법은 고객이 느끼는 상품의 가치, 경쟁사 요인(제품 사양 및 가격), 원가 요인을 모두 반영할 수 있다.

또는 우리 상품을 구매하는 여러 목표 시장별로 그들의 만족도를 높이는 가격을 책정하거나, 그들이 원하는 가격수준을 제시하는 것, 판매자가 목표시장별 별도의 정책 방향의 가격수준, 가격체계, 가격지불 시점을 제공하는 것도 이 방법으로 분류될 수 있다.

예를 들어 수요가 많으면 요금이 비싸지는 우버의 서지 프라이싱(Surge Pricing)과 고객이 가격을 직접 정하는 카카오 대리운전의 Pwyw(Pay What You Want)전략, PC 등의 하드웨어 구입 시 소프트웨어 등을 덤으로 잔뜩 붙여주는 방법의 번들(끼워주기) 방식이 여기에 해당된다. 소비자는 '같은 값에 많이 들어 있으니 싸게 산 거다'라고 생각하게 된다. 덤으로 끼워주고 거기에 약간의 할인까지 곁들이면 이러한 느낌을 가속 시키는 것이 가능하다.

대체로 소비자는 잘 알고 긍정적으로 인식하는 브랜드에 대해서는 상품의 품질을 긍정적으로 평가한다. 하지만 잘 모르는 브랜드에 대해서는 제시된 가격을 기준으로 상품의 품질을 평가하는 경향이 있다. 또 소비자는 가격이 비싸면 그 상품에 대해서 높은 품질을 가졌다고 판단하지만 싼 가격의 상품에 대해서는 단순히 싸다는 이유만으로 품질을 낮게 평가하는 경향이 있다.

기본적인 정책은 바로 그 상품을 만들고 판매하는 데 들어가는 비용보다 높게 가격을 책정하는 것이다. 이 차이가 클수록 더 많이 팔면 돈을 더 많이 벌 수 있다. 그렇다고 판매가격을 비용보다 무작정 높일 수 없는 이유는 바로 경쟁 때문이다. 유일하게 우리만 제공하고, 우리 아니면 절대로 만들지 못하는 상품을 판매한다면 독점이기 때문에 가격을 마음대로 책정할 수 있지만, 우리 주변에 이런 비즈니스는 거의 없다.

예를 들어 마스크팩 종류가 수십, 수백 가지가 있는데, 대부분 가격은 1,000~2,000원이다. 비슷한 상품이기 때문에 우리만 가격을 높이면 아무도 안 살 것이기 때문이다. 장당 10,000원 하는 마스크팩도 볼 수 있는데, 굉장히 비싸고 탁월한 효과가 있는 재료를 사용하거나 SK-II와 같은 고급 화장품 회사에서 만들기 때문이다. 전자의 경우는 상품의 품질이 좋기 때문에 더 비싸게 판매하고, 후자의 경우는 브랜드 파워로 더 비싸게 판매하는 경우다.

기본적인 가격 전략

기업이 만든 상품과 서비스를 잘 팔기 위한 가격 전략은 없을까? 일단 우리 주변에서 흔히 볼 수 있는 기본 전략에 대해 살펴보자. 가격 전략에는 크게 고가전략, 동등전략, 저가전략으로 구분되며 이외에도 여러 가지 방법과 세부적인 전략들이 있다.

고가전략

쉽게 표현하면 값어치 있는 상품을 만들어서 그만한 가격을 받는 전략이다. 차별점이 많거나 혜택이 다른 상품에 비해 클수록 고가전략은 효과적이다. 특히 시장 초기 진입자이거나 고관여제품이라면 고가전략을 택하는 것이 좋다. 예를 들면 새로운 프리미엄 라인을 하나 개발해서 신규고객을 창출할 수 있다. 고객들에게 제공하는 상품과 서비스에 대한 가치를 올리고 올라간 가치만큼 가격도 함께 올리는 것이다.

수제버거브랜드의 경우, 직접 만든 빵과 신선한 채소, 정성스레 손으로 만든 패티가 핵심이기 때문에 일반 버거인 맥도날드나 롯데리아보다 비싸다. 그러나 맛과 건강을 생각한 프리미엄 고객들은 이와 같은 프리미엄 상품들을 구매한다. 가격이 비싸더라고 합당한 이유와 명분이 있다면 가치만큼 지불할 의사가 있다는 것이다.

동등전략

기존에 판매되고 있는 브랜드(상품)들과 거의 동등한 상품과 가격으로 만들어서 판매하는 것이다. 상품이 보통 수준의 차별점을 가지고 있고, 저관여제품일 때 쉽게 활용 가능한 전략이다.

대형마트, 종합쇼핑몰, 아마존 등에 입점을 계획하고 있다면 대부분 상품들은 동등전략이 가장 적합하다. 하지만 높은 수준의 차별점을 갖추고 있다면 고가전략을 취하는 것을 추천한다. 만일 현실적으로 큰 차별점을 만들어내기 어렵다면 조금이라도 다르게 만든 후 동등전략을 취하는 것이 좋다.

여기에 기존 가격보다 조금 더 할인된 금액을 제공하고 다수의 고객으로 하여금 우리의 상품과 서비스를 체험해볼 수 있도록 유인전략으로 활용할 수 있는데, 이때 효과적으로 써먹을 수 있는 것이 바로 쿠폰이다. 쿠폰은 고객이 상품을 찾아보고 구매하는 과정 중에서 전혀 예상하지 못하는 지점에서 그리고 구매를 잠시 망설이는 지점에서 간헐적으로 제공되는 것이 좋다. 쿠폰 자체가 항상 존재하는 '할인'의 요소가 아니라 '선물'처럼 느껴져야 한다. 쿠폰은 직접 가격을 낮추진 않지만 결과적으로 가격을 낮추는 효과가 있기 때문에 경쟁업체와 가격 싸움을 할 때 임시로 활용할 수 있다.

저가전략

가격을 낮게 책정해 소비자의 구매력을 높여 다수의 고객을 확보하는 전략으로 시장침투가격전략이다. 저가전략은 자본금이 크지 않은 시장 초기 진입자, 스타트업에게는 추천하지 않는다. 박리다매를 하는 것보다는 조금이라도 차별화된 상품을 만들어서 충분한 마진을 보는 게 훨씬 더 빠르게 성장할 수 있기 때문이다. 그러나 전략적으로 사용하는 경우, 예를 들어 초반에 리뷰를 쌓거나

전략 유형	전략 방향
고가전략	• 자사 상품이 차별화된 독특한 경쟁적 이점을 지닐 때(기술적 특허, 실용신안 등) • 막대한 마케팅 비용을 투자할 수 있을 때 • 가격탄력성이 낮은 고관여 시장에 진입할 때 • 장기적으로 미래 잠재시장 기회가 내재될 때 • 동일한 카테고리에 높은 마켓쉐어를 가진 상품을 이미 보유하고 있을 때
동등전략	• 자사의 핵심 카테고리일 때 • 저관여제품일 때 • 판촉전이 치열한 시장일 때
저가전략	• 차별화된 경쟁적 우위가 없을 때 • 이익보다는 단기적인 마켓쉐어 확보를 꾀할 때 • 가격탄력성이 높은 카테고리일 때

출처: 조서환, 추성엽, 《대한민국 일등상품 마케팅전략》, 위즈덤하우스, 2005

순위를 올리거나 시장 선점을 하기 위해 단기적인 목적과 목표를 갖고 사용하는 건 가능하다.

보통 사업 초기에는 부족한 초기자본으로 인해 어려움을 겪는 경우가 많다. 그래서 투자자 유치를 받거나 혹은 크라우드 펀딩을 통해 자금을 유지하기도 한다. 고객의 예상가보다 훨씬 낮은 가격을 통해 다수의 고객에게 상품을 체험하게 하기도 하면서 단기간에 많은 현금을 확보할 수 있는 것이다. 그러나 가격은 낮추기는 쉽지만 낮아진 가격을 다시 올리는 것은 정말 힘들다. 가격을 파괴해서 시장 선점을 하려다 시장가 자체를 무너뜨릴 가능성이 있고 그렇게 되면 다른 회사들도 가격을 일제히 낮추어 모두가 비슷한 가격으로 경쟁을 하게 되기 때문에 사업 초기 박리다매 전략을 쓸 때는 신중해야 한다.

저가정책으로 성공한 미샤와 더페이스샵은 고객들에게 단지 가격이 싼 브랜드로 여겨지지 않았다. 미샤는 '화장품은 생필품'이라는 정확하고 새로운 시각을 내세워 불합리한 유통구조의 결과물인 기존의 비싼 화장품의 허를 찔렀다. 그 결과는 미샤를 '저가 브랜드 그 이상의 무엇'으로 만들었다. 그리고 온라인에서 확보된 마니아층을 기반으로 미샤만의 이미지를 만들어 단독매장에서 판매한 점이 미샤를 종전의 '싸구려 상품'들과 명확히 구분할 수 있었다. 더페이스샵은 여기에 자연주의라는 고유한 콘셉트를 믹스함으로써 미샤 못지않은 성공을 했다.

미샤와 더페이스샵에서 배울 수 있는 교훈은 시장점유율을 최우선에 두고 이익을 창출하는 저가 브랜드도 어김없이 그에 따른 합리적인 이미지 전략이 필요하다는 것이다. 요즘 소비자들은 그것이 수십만 원이든 아니면 단 몇 천원이든 그걸 지불할 수밖에 없는 확고한 이유를 찾고 싶어한다.

효과적인
가격 전략의 기술

상품을 판매할 때 소비자들의 마음속에 이 상품을 사게끔 만드는 효과적인 다양한 전략들이 있다. 이 전략들은 소비자들이 내가 팔기를 원하는 상품들을 사도록 유도할 수 있다.

미끼상품 전략

세일즈에서 고객이 더 쉽고 빠르게 상품을 비교해 구매할 수 있도록 돕는 미끼상품을 이용한다. 미끼상품은 실제로 팔고 싶은 상품을 돋보이게 만들도록 하는 전략 전술 중 하나다. 다음 중 어느 것이 미끼상품일지 선택해보라.

1. A사 제작 임플란트 88만 원
2. B사 제작 임플란트 215만 원
3. C사 제작 임플란트 390만 원

1번은 값이 싸서 미덥지 못하고 그렇다고 3번을 하자니 경제적으로 부담되고 이런 이유로 대부분 중간을 선택한다. 여기에는 극단을 회피하려는 심리가 깔려 있다. 3번은 2번을 선택하게 만드는 미끼상품으로 작용한다. 이처럼 미끼 전략은 2개의 상품 가운데 고민하던 소비자 앞에 3번 상품이 나타남으로써 2번 상품으로 구매를 하게끔 만드는 것이 미끼 기법이다. 이처럼 미끼 기법을 통해 판매를 촉진시킨다.

미끼상품을 끼워 넣을 때도 방법이 있는데, 완전히 다른 상품을 넣는 것이 아니라 비슷하면서도 살짝 부족한 상품을 넣는 것이다. 비슷한데 상대적으로 부족한 상품이 함께 있으면 비슷하지만 조금 괜찮은 상품이 확 뛰어나 보이게 된다.

미끼상품은 특매상품, 유인상품, 특수상품 등 여러 별칭으로 불

3가지 선택지를 주는 네이버 마이박스 정기결제

린다. 온라인에서 미끼상품은 유형의 상품 외에도 복권이나 부록 등의 비경제적 혜택일 수 있으며 금액 적립이나 할인 등의 일상생활에서 밀접한 관계가 있는 경제적 혜택으로 구분할 수 있다. 예를 들어 구독경제 속에서 이러한 미끼 옵션을 많이 찾아볼 수 있다.

네이버 마이박스는 30GB까지는 무료로 이용이 가능하지만 그 이상의 용량과 공유, 가족 이용 등의 추가 기능을 이용하기 위해서는 유료 구독을 해야 한다. 여기 3가지 옵션 중 미끼 옵션은 무엇일까? 바로 1번째 옵션이 미끼 옵션이다. 그동안 이용해왔던 저장 드라이브가 네이버라면 언젠가는 용량 증가 때문에 유료 서비스를 고민할 것이다. 그럼 이 3가지 옵션 중 가장 저렴한 것을 선택하기에는 뭔가 좀 아쉬울 것이다. 그렇다고 마지막 3번째 옵션을 선택하기엔 너무 비싸다고 느껴질 것이다. 이때 1번째 옵션 대비 2번째 옵션이 가격 차이는 별로 안 나지만 모든 서비스에서 2배 이상을 제공받을 수 있기 때문에 두 번째 옵션이 더 합리적이라 생각될 수 있다.

미끼 상품의 한계

오래전 이마트 피자와 롯데마트의 통큰치킨이 등장해 일반 판매점보다 훨씬 저렴한 가격을 내세워 이목이 집중되었는데, 바로 롯데마트의 통큰 시리즈다. 통큰 시리즈는 시장 가격보다 파격적인 할인을 적용한 상품으로 매번 화제가 됐다.

통큰 시리즈는 상품을 판매해서 이윤을 낸다기보다는 마트의 인지도를 높이고 사람들을 매장으로 부르는 역할을 하는 홍보성 '미끼 상품'으로 볼 수 있다. 미끼 상품이다 보니 상품의 품질이 떨어지는 경우가 많다는 것이 많은 소비자들의 불만이었다.

통큰 시리즈 중의 하나인 통큰 노트북 역시 싼 가격만큼 낮은 품질로 소비자의 혹평을 받았다. 전력을 많이 소모하는 CPU를 채택했음에도 불구하고 배터리 용량은 적었으며 상품의 마감 상태도 좋지 않았다. 통큰 시리즈가 잇따라 품질 불량 등 논란에 휩싸이면서 롯데마트는 득보다 실이 많았다. 일시적인 광고 효과는 얻었지만 결국 고객의 신뢰를 잃어버렸기 때문이다.

시간과 가격 연동 전략

그 외에 시간과 가격을 연동시켜 진행하는 전략이 있다. 예를 들어 개봉한 지 오래되어 스크린에서 내려간 영화들은 주로 IPTV

나 넷플릭스, 유튜브 등의 플랫폼을 통해 볼 수 있다. 영화가 처음 개봉했을 때보다 더 저렴한 가격으로 영화를 볼 수 있게 된다.

그러나 반대로 시간이 흐를수록 가격이 올라가는 상품도 있다. 바로 희소성을 띠는 상품으로 오래된 고사나 희귀한 장난감, 골동품 등을 예로 들 수 있다. 시간이 흐르면 흐를수록 수요보다 공급이 절대적으로 부족한 상품을 생각해보면 쉽게 판단할 수 있다.

끼워팔기와 결합 판매 전략

먼저 끼워팔기의 경제학적 정의는 'A라는 상품을 사기 위해서는 반드시 B라는 상품도 같은 판매자에게 구매해야 하지만, 반대로 B를 살 때에는 반드시 A를 구매할 필요가 없는 경우'다. 즉 한 상품을 구매하기 위해서 반드시 다른 상품을 구매해야 한다는 것이다. 스마트폰 판매자가 음악 앱 등 기본 애플리케이션을 함께 판매하는 것이나, 프린터 판매자가 기본 잉크를 함께 판매하는 것, 메이크업 상품 중 콤팩트 본품과 리필을 묶어 하나의 상품으로 판매하는 경우도 같은 예로 들 수 있다.

이와 자주 혼동하는 개념이 결합 판매인데, 결합 판매의 경제학적 정의는 'A와 B를 하나의 묶음으로 판매하는 것'을 의미한다. 상품을 묶어 판매하는 것을 의미한다는 점에서 끼워팔기와 유사한 개념이지만, 끼워팔기와 달리 강제 구매 조건이 적용된다는 점에서 차이가 있다. 즉 끼워팔기의 경우 B를 살 경우에는 A를 반드시 구매할 필요가 없었던 것과 달리 결합 판매의 경우 B를 구매하려면 A도 구매해야 한다는 것에 차이가 있다. 컴퓨터를 구입할 때 하드웨어나 주변 장치뿐만 아니라 소프트웨어도 포함된 가격으로 사는 것이나 여러 가지 메뉴를 묶어 판매하는 백반을 결합 판매의 예로 들 수 있다.

브랜드의 성장을 돕는 든든한 친구가 되고 싶습니다

주식회사 투네임컴퍼니는 자사몰 '독립생활연구소'을 통해 사회적 변화를 꿈꾸는 사회적기업, 소셜벤처, 스타트업들의 좋은 상품들이 세상에 더 많이 알려지도록 상품 판매 및 홍보를 지원하는 (예비)사회적기업입니다.

더불어, 비효율적으로 낭비되는 재원을 줄여 공정한 거래를 확대하고 빈곤 감소에 기여하고자 머천다이징 서비스를 제공하고 있습니다.

보유하고 있는 구매 데이터 및 상품 데이터, 소비패턴 및 생활습관 등 빅데이터를 가공하여 유망 아이템을 수집하고 사업 전개 능력에 맞는 아이템 추천을 바탕으로 시장성과 상품성을 갖춘 상품을 기획합니다. 그리고 고객 가치를 담은 새로운 콘셉트를 개발하여 시장에 안정적으로 진입해 경쟁할 수 있도록 지원하고 있습니다.

| 컨설팅 및 강의 |

1:1 컨설팅	소요 시간	120분
	제공 내용	• 원 포인트 컨설팅 60분 • 질의응답 60분
	설명	• 상품 소싱부터 판매까지, 쇼핑몰 창업에 대해 머리로는 알지만 실타래처럼 얽혀서 문제가 잘 풀리지 않을 때 한 번에 해결 • 고객의 Q&A를 중심으로 궁금한 점에 대한 답변으로 진행 • 대면 상담
기관/기업 강의	소요 시간	협의 후 결정
	제공 내용	상품기획, 유통(채널)기획, 가격결정, 유통&소비 트렌드, MD 직무교육, 쇼핑몰 창업
	설명	서비스에 따라 소요 시간이 다르며, 과목 및 수강자 현황에 따라 협의

| 머천다이징 서비스 |

1인 상품기획	소요 시간	협의 후 결정
	제공 내용	• 개인을 위한 쇼핑 상담 • 맞춤 상품 제작 및 구입
	설명	• 고객의 취향, 나이, 직업, 체형, 경제 수준 따위를 고려하여 고객에게 적합한 물건을 추천해 주는 서비스 • 고객이 원하는 사양에 맞춰 제작하거나 상품을 찾아 구입을 대행하는 서비스
쇼핑몰·스토어 상품기획	소요 시간	45일
	제공 내용	• 상품 기획 콘셉트 작성 • 상품 리스트 작성(라인업)
	설명	• 기업에서 판매하는 상품과 서비스가 제구실을 할 수 있도록 목표한 시장의 현황을 조사해서 고객의 필요를 규정하고 그것을 충족시킬 수 있는 상품을 기획하고 구색을 고려하여 실제 소싱이 가능한 상품으로 라인업하는 과정 • 단계: 시장 동향 공유 → 기업의 쇼핑몰 환경 및 요구 사항 분석 → 아이디어 제안 → 상품기획 콘셉트 작성 → 판매 가격 및 디자인 방향성 제시 → 상품 리스트 작성 • 쇼핑몰 컨디션에 따라 소요 시간과 비용 다름
쇼핑몰·스토어 기획/개편	소요 시간	6개월 또는 1년 단위 계약
	제공 내용	• 1차: 브랜드 기획서 작성 • 2차: 상품 기획서 작성
	설명	• 시장분석, 브랜드 목표 및 방향성 구축과 브랜드 아이덴티티 정립, 브랜드 네임 제안 및 판매 가격 방향성 제안 • 차별화된 상품을 함께 기획하고 필요한 경우 소싱까지 연결함으로써 아이디어가 실현될 수 있도록 컨설팅 지원 • 네임 및 로고 디자인 추가 시 건당 비용 추가

서비스 신청 및 문의 : mylivinglab@naver.com

북큐레이션 • 트렌드를 파악해 소비자의 마음을 사로잡고 싶은 이들을 위한 책

《1코노미의 시대》와 함께 읽으면 좋은 책. 사람들의 문제를 해결해주는 사람이 미래의 주인공이 됩니다.

라이프스타일로 마케팅하다

이상구 지음 | 15,000원

언제까지 물건만 팔 것인가?
라이프스타일을 판매할 때 고객이 열광한다!

남들과 차별화된 일상은 다른 사람들에게 자랑하고 싶은 이색적인 트렌드로 작용한다. 그렇기 때문에 라이프스타일 기획과 마케팅은 경험을 중요하게 여기는 요즘 시대 소비자들의 마음을 끌어당긴다. 소비자들이 열광하는 브랜드는 라이프스타일을 주도한다. 저자는 라이프스타일 기획이 어떻게 고객을 팬으로 만들 수 있는지 그리고 다가오는 미래에 어떤 라이프스타일이 가치 있는지 알려준다. 이 책을 통해 급변하는 시대 속에서 평생 고객을 만드는 '성공하는 라이프스타일'을 찾아보자!

어떻게 광고해야 팔리나요

김종섭 지음 | 16,000원

불황의 시대에 소비자의 마음을
확실하게 붙잡는 남다른 광고의 법칙

소비자들이 똑똑해졌다. 매일 마주하는 광고에 질려 빠르게 'Skip' 버튼을 누른다. SNS에 올라온 글 한두 줄만 읽어도 광고인지 아닌지 알아본다. 이제 일반적인 광고는 더 이상 통하지 않는다. 그런데도 보는 사람들의 머릿속에 남아 사게 만드는 광고는 여전히 존재한다. 어떻게 광고하기에 사람들의 구매 욕구를 일으킬까? 신선한 발상으로 다양한 광고들을 만든 저자는 어떤 아이디어가 소비자의 마음을 움직이는지 다양한 사례를 들어 설명한다. 어려운 불황의 시기를 극복하고 싶다면 이 책에서 소개하는 '상품을 팔아주는 광고'를 시작해보자!

쿠팡 셀러 되기

김재환 지음 | 16,000원

"대세는 확실히 쿠팡이다!"
쇼핑앱 사용자 수 압도적 1위 쿠팡에 지금 입점하라!

쿠팡은 진입장벽이 낮아 온라인 창업 초보자에게 쉽고 판매가 수월하다. 이 책에서는 15년 동안 유통업을 하며 G마켓, 스마트스토어, 이베이, 아마존, 쿠팡에 이르기까지 최단기간에 당당히 Top 셀러로 자리한 저자가 쿠팡을 이용해 초보자도 단기간에 높은 수익을 내는 방법을 소개한다. 쿠팡 마켓플레이스 입점부터 경쟁업체가 넘볼 수 없는 차별화 전략 수립까지 상세하게 설명을 담아냈으며, 국내를 넘어 해외 판매까지 뻗어가는 저자만의 노하우를 담았다. 지금 바로 이 책과 함께 블루오션 쿠팡 로켓에 올라타라!

사고 싶은 컬러 팔리는 컬러

이호정 지음 | 15,000원

백 마디 말보다 강력한 컬러의 힘!
"나는 텍스트가 아니라 컬러로 말한다"

컬러는 우리도 모르는 사이 우리의 마음을 지배하고 행동을 변화시킨다. 이 책은 사고 싶어지고 잘 팔리는 컬러의 8가지 법칙을 다양한 사례 연구를 통해 검증한 내용을 담고 있다. 고객 분석에서부터 브랜딩, 제품, 비주얼 머천다이징, 디지털 그리고 콘셉팅과 프로모션까지 다양한 각도에서 컬러 활용 효과를 설명하여 통합적인 관점에서 컬러를 이해할 수 있다. 그리고 컬러라는 새로운 인사이트를 통해 지금껏 생각하지 못했던 색다른 해결책을 찾을 수 있도록 도와줄 것이다.